中国书籍学术之光文库

网络热点事件中的价值引导与构建研究

奚冬梅 | 著

中国书籍出版社
China Book Press

图书在版编目（CIP）数据

网络热点事件中的价值引导与构建研究/奚冬梅著.
—北京：中国书籍出版社，2020.7
　　ISBN 978-7-5068-7902-6

　　Ⅰ.①网… Ⅱ.①奚… Ⅲ.①互联网络—舆论—研究
—中国 Ⅳ.①G219.2

　　中国版本图书馆 CIP 数据核字（2020）第 117679 号

网络热点事件中的价值引导与构建研究

奚冬梅　著

责任编辑	陈永娟　王　淼
责任印制	孙马飞　马　芝
封面设计	中联华文
出版发行	中国书籍出版社
地　　址	北京市丰台区三路居路 97 号（邮编：100073）
电　　话	（010）52257143（总编室）　（010）52257140（发行部）
电子邮箱	eo@chinabp.com.cn
经　　销	全国新华书店
印　　刷	三河市华东印刷有限公司
开　　本	710 毫米×1000 毫米　1/16
字　　数	167 千字
印　　张	14.5
版　　次	2020 年 7 月第 1 版　2020 年 7 月第 1 次印刷
书　　号	ISBN 978-7-5068-7902-6
定　　价	89.00 元

版权所有　翻印必究

目 录
CONTENTS

第一章　网络热点事件中的价值引导与构建研究概述 ……… 1

　　第一节　研究概述　2

　　第二节　研究目的及意义　16

　　第三节　研究内容、思路及方法　19

第二章　网络突发事件中的社会主义核心价值观引导与构建研究 ……………………………………………………… 26

　　第一节　研究思路与样本选取　27

　　第二节　文本内容语义价值分析　41

　　第三节　网络突发事件个案研究
　　　　　　——以"东方之星"沉船事件为例　82

第三章　网络社会热点中的社会主义核心价值观引导与构建研究 ……………………………………………………… 98

　　第一节　研究思路与样本选取　100

　　第二节　文本内容语义价值分析　113

1

第三节　网络社会热点事件个案研究
　　　　——以哈尔滨天价鱼事件为例　167

第四章　网络热点事件的民间话语模式构建 …………… 183
第一节　问题提出与研究方法　184
第二节　网络热点事件中民间话语词频与社会语义网络分析　187
第三节　网络热点事件中民间话语建构模式分析　197

第五章　社会主义核心价值观网络话语构建特征与策略研究 …… 212
第一节　社会主义核心价值观网络话语构建特征分析　214
第二节　社会主义核心价值观网络话语构建策略　218

后　记 ………………………………………………………… 224

第一章

网络热点事件中的价值引导与构建研究概述

近年来,随着互联网和手机等新媒体技术的快速发展,中国社会舆论与媒介生态环境发生了根本性的结构变化,网络作为社会热点事件的重要信息源、策源地和意见发酵池而成为舆论引爆的重要场所。在网络热点事件的舆论背后,是激烈的价值冲突,不同价值取向的激烈冲突如果不加以正确的引导,将会产生巨大的破坏性结果。在许多热点事件中,对价值的忽视必会影响到对事件的处置,而采取的处置方法不当,也会造成对价值的进一步损害。

2017年10月18日,习近平同志在党的十九大报告中指出,"要培育和践行社会主义核心价值观。要以培养担当民族复兴大任的时代新人为着眼点,强化教育引导、实践养成、制度保障,发挥社会主义核心价值观对国民教育、精神文明创建、精神文化产品创作生产传播的引领作用,把社会主义核心价值观融入社会发展各方面,转化为人们的情感认同和行为习惯。"2006年党的十六届六中全会第一次明确提出了"建设社会主义核心价值体系"的重大命题和战略任务,明确提出了社会主义核心价值体系的内容,并指出社会主义核心价值观是社会主义核心价值体系的内核。2012年，中共十八大报告明确提出"倡导富强、民主、文明、和谐，倡导自由、平等、公正、法治，倡导爱国、敬业、诚信、友善"的24字社会主义核心价值观，自此以后，社会主义核心价值观成为学术界研究的一大热点，尤其2014年以后呈现爆发式增长态势，每年的学术成果量在1万篇以上。

第一节　研究概述

本文主要从价值观引导与构建视角研究网络热点事件中的话语模式、特点及构建规律进行文献研究，既包括关于网络热点的宏观研究情况，也包括价值观方面引导与构建，尤其是社会主义核心价值观在网络热点事件中的传播构建。采用文献研究分析方法citespace软件辅助进行规模文本分析。

一、基于citespace的网络热点宏观研究概述

在中国知网数据库中以"网络热点"为关键词，共搜索出相关文献1991篇，将前500篇文献批量导出后，用citespace软件进行分析，形成可视化图谱，具体如下：

从图1-1中可以看到，相关研究围绕网络热点事件、网络舆情、网络舆论、热点事件等关键词为核心进行辐射，涉及研究对象既包括媒介机构，如主流媒体、自媒体、新媒体、传统媒体、网络媒体、社

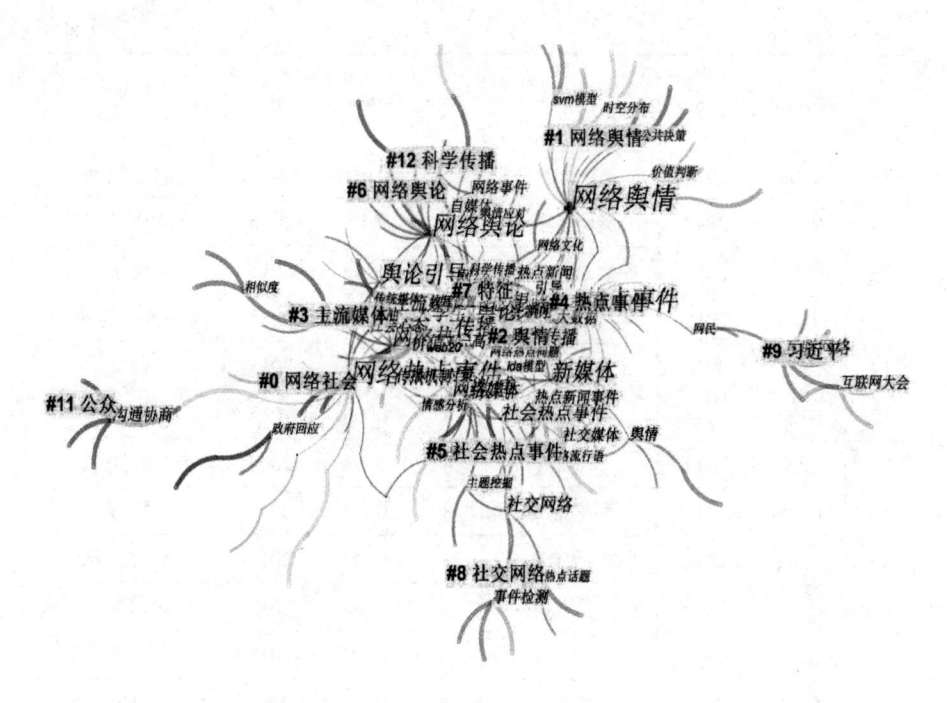

图 1-1　网络热点研究情况图谱

交媒体等；也包括对主体，如对网民、公众、政府、大学生等群体进行针对性的研究。从研究内容上，主要涉及网络舆论科学传播、舆情应对、特征分析，网络舆情的模型构建、时空分布、价值判断、网络文化，网络社会的沟通协商、政府回应，网络社会热点事件主题挖掘、情感分析、事件检测、传播机制等技术方法等。

表 1-1　关键词词频、中心度

count	centrality	year	cited references	count	centrality	year	cited references
73	0.25	2009	网络热点事件	5	0.03	2015	网络事件
64	0.33	2014	网络舆情	5	0.01	2015	网络舆情事件
59	0.18	2014	热点事件	5	0.04	2015	引导

3

续表

count	centrality	year	cited references	count	centrality	year	cited references
31	0.08	2014	大学生	5	0.07	2014	意见领袖
29	0.14	2012	网络舆论	5	0.05	2016	议程设置
23	0.07	2014	社会热点事件	4	0.08	2015	高校学生
20	0.2	2015	新媒体	4	0.01	2015	网络群体性事件
19	0.52	2014	微博	4	0.02	2015	传播
19	0.24	2014	舆论引导	4	0.05	2015	热点
13	0.06	2014	网络	4	0.04	2009	网民
13	0.25	2014	网络热点	3	0.04	2016	特征
12	0.07	2014	思想政治教育	3	0.04	2018	形成机制
10	0.28	2015	影响	3	0.05	2017	科学传播
9	0.02	2015	社会心态	2	0.02	2015	框架
9	0.15	2014	舆论	2	0.04	2017	微信朋友圈
8	0.16	2015	互联网	2	0.02	2017	社会矛盾
7	0.06	2016	价值观	2	0.08	2016	热点话题
7	0.1	2016	舆情	2	0.08	2017	公众号
7	0.11	2016	网络媒体	2	0.04	2017	舆论反转
7	0.09	2016	热点新闻	2	0.09	2018	传播机制
6	0.01	2014	自媒体	2	0.01	2016	时间序列
6	0.05	2015	热点新闻事件	2	0.05	2014	舆情应对
6	0.07	2014	对策	2	0.01	2017	网络评论
6	0.09	2014	网络传播	2	0.19	2017	新闻
6	0.06	2015	高校	2	0.04	2016	遗忘
6	0.14	2015	社交网络	2	0.02	2016	热度分析
5	0.03	2014	大数据	2	0.08	2015	相似度

从表1-1中可以看到关键词词频和中心度情况，其中微博、网络

舆情、网络热点事件、舆论引导、新媒体、网络热点、影响、新闻等词语聚集度较高，成为研究热点。此外，热点事件、网络舆论、舆论、互联网、网络媒体、社会网络等词语聚集度也较高。从时间跨度上看，2009、2014、2015 相关研究比较集中，其次是 2017 年和 2016 年内容聚集度较高。

为了更清晰了解重点关键词研究现状与领域，以"网络热点事件"为中心词进行了相关图谱绘制。从图 1-2 中可以看到，在网络热点事件相关研究中，主要涉及网络舆情、热点事件分析，研究主要包括三方面：一是关于微博、自媒体、网络、新媒体等传播机制、影响分析；二是关于特定对象和群体进行研究，如高校、大学生、思想政治教育规律的探讨；三是关于网络舆论引导，包括网络流行语、社会心态、价值观等方面，提高价值认同。

图 1-2 网络热点事件研究图谱

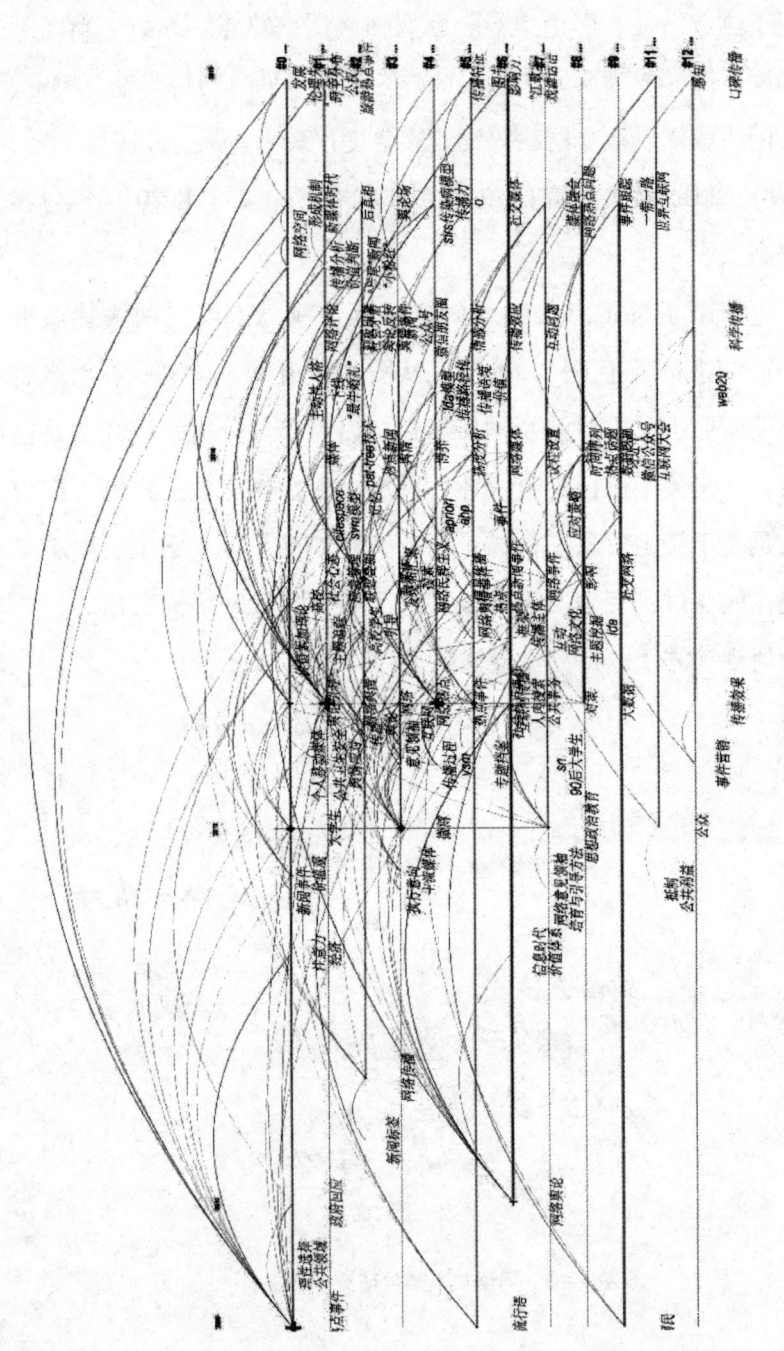

图 1-3 网络热点纵向研究图谱

通过对相关研究的纵向梳理，可以看到2009年的相关研究较少，仅从网络热点事件、网络流行语、网民方面进行；2010至2013年，研究内容少量增长，主要围绕网络传播、政府回应、意见领袖培育与引导方法、新闻事件价值观、注意力经济、信息时代价值体系等方面进行。

2013至2016年，研究内容呈爆发式增长，领域拓展范围较宽，从信息技术手段如主题挖掘、pat-tree技术、情感分析等到价值文化视角，如价值累加理论、网络文化、民粹主义等；传播领域如议程设置、传播过程、舆情分析等；还包括社会管理视角，如社会安全、应急管理等方面。2016至2019年的研究也增长较快。

二、国内外研究现状

近年来，网络热点事件成为多学科领域关注的热点问题。国内外都对其进行了较多研究。

（一）国内研究现状

为了更清晰地梳理相关研究情况，主要从两方面进行文献综述：一是围绕网络热点事件相关研究进行；二是围绕价值、价值观等领域进行综述。

目前，对于网络热点事件的研究主要集中在以下几个方面：

第一，传播学领域。

围绕网络热点事件的发生（周建晖，2011；李冰玉，2011）、发现及预警（宋嘎子，2010）、网络热点舆情的形成（柳明，2012）、郁赛君（2017）以"罗尔事件"为例对网络热点事件的信息生成、传播及自净机制进行了分析。① 杨艺（2018）从交叉学科与理论生物富集效应视角研究网络热点事件形成机制。

一些研究者从话语传播特点及特定群体等视角进行研究，如赵呈晨（2017）等针对特定群体青少年从语言的游戏视角分析网络流行语的传播语境及其行动逻辑。② 贾新（2018）对热点新闻事件中网络流行语产生的原因及其传播效应进行了分析。③ 颜美群（2017）对网络流行语的生成机制进行了归纳总结。宁戈菲、彭广林（2019）对网络舆论热点事件中的戏谑话语传播进行了研究。王开心、李岩（2018）对微博环境下网络水军的形成机制与传播效力研究，提出加强治理的策略。④ 胡建（2019）从社群营销传播形式及影响方面进行了研究。

有的研究者从传播空间结构及特征（李彪，2011）、"标签化传播"现象解读（左晶，2014）、网络舆情热点事件中标签化传播现象探析（赵作为，2017）、传播主体（胡改丽，2015）等进行了研究。还有一些研究者对传播内容进行研究，如王井（2018）对76个科学热点事件所引发的科学谣言传播特性进行了归纳总结分析。⑤

第二，社会学领域。

---

① 郁赛君. 网络热点事件的信息生成、传播及自净机制——以"罗尔事件"为例[J]. 新闻记者，2017（14）.
② 赵呈晨、郑欣. 语言的游戏：青少年网络流行语的传播语境及其行动逻辑[J]. 新闻界，2017（05）.
③ 贾新. 热点新闻事件中网络流行语产生的原因及其传播效应[J]. 新闻传播，2018（05）.
④ 王开心、李岩. 微博环境下网络水军的形成与传播效力研究[J]. 传播力研究，2018（02）.
⑤ 王井. 科学谣言传播内容分析——以2004—2014年科学热点事件为例[J]. 江苏科技信息，2018（04）.

>>> 第一章 网络热点事件中的价值引导与构建研究概述

许多学者从社会学领域对网络热点事件进行了研究。

其中网络舆论、网络舆情是研究的热点。张早（2019）以近年来网络热点事件为例对新媒体时代舆情引导进行了研究。[①] 孙江、秦小琪（2019）对网络舆情隐喻化载体、特征、功能等进行探讨并对纠偏治理机制进行了分析。[②] 于倩倩（2018）对网络舆情热点事件的"叠加－聚焦－扩散"效应及运作机制进行了梳理。[③] 曾凡斌、胡慧颖（2017）从语境和文本的维度，通过对2016年网络热点事件中舆论的情绪进行了分析。韩运荣、何睿敏（2017）从纵向历史视角总结梳理了我国近十年的网络舆情变迁特点。杨雅、张佰明（2017）对热点事件的网络伦理舆情特征进行了分析。此外，一些研究者还从舆论转化机制（朱佳沅、吴小君，2011、2012）、社会热点事件微博传播机制（李彪，2013）、舆情关联问题（王国华，2012）、舆情研判与实现（徐勇，2015）等方面进行了研究。

一些研究人员从社会现象与社会心理，群体行为与特征分析视角进行深入探讨。如朱恺丽等（2017）对社会热点事件网络群体极化现象进行了探究，李少娟（2018）从若干公共事件出发探讨网络群体极化现象。陈梅婷（2018）针对网络吐槽现象的原因、逻辑等进行了文本意义生产与解读。樊淑琴（2017）对网络热点事件中反转新闻的负效应及对策进行的研究。郑雯、李良荣（2018）针对中等收入群体在

[①] 张早. 新媒体时代舆情引导——以近年来网络热点事件为例 [J]. 新闻传播，2019 (06).
[②] 孙江、秦小琪. 网络舆情隐喻化及纠偏治理机制研究 [J]. 现代传播，2019 (04).
[③] 于倩倩. 网络舆情热点事件的"叠加－聚焦－扩散"效应研究 [J]. 新闻界，2018 (07).

9

中国网络社会的角色与地位进行了研究。[①] 姚莉（2018）对网络推手的社会影响进行了专题研究。王戈等（2017）以近年来20件意识形态领域热点事件为例梳理了网络社会思潮领袖的群体特征。[②] 研究者还围绕网络热点事件的群体心理（石凤楠，2011）、社会文化心理（徐砺，2013、2016）、青年文化现象（刘胜枝，2013）、公权力约束（董晓峰、张小乖，2018）、网络时代的党政领导干部领导力研究（毛文文，2018）等进行了研究。

此外，一些学者还从伦理道德视角进行了研究，席志武等（2019）对网络热点事件中自媒体伦理失范行为进行了分析。李琳（2017）对社交媒介运用者的伦理责任进行了研究。许莹等（2018）从非理性情绪对道德事件传播的影响及其引导进行了探讨。[③]邓景（2012）从社会道德冲击与重构的视角进行了探讨。

第三，信息技术领域。

一些研究者从技术角度对网络热点事件话题提取、文本挖掘技术、观点漂移检测等角度进行了研究。魏德志等（2017）基于时间序列的话题动态演化模型，将新闻网页内容的相似度和页面链接分析作为话题热度的计算依据，并利用改进的 Single – Pass 算法进行增量聚类获得聚类中心，最后根据热度权重将聚类中心进行排序，获得热点

[①] 郑雯、李良荣. 中等收入群体在中国网络社会的角色与地位研究 [J]. 现代传播，2018（01）.
[②] 王戈、王国华、方付建. 网络社会思潮领袖的群体特征——以近年来20件意识形态领域热点事件为例 [J]. 情报杂志，2017（04）.
[③] 许莹、程贺. 非理性情绪对道德事件传播的影响及其引导 [J]. 中州大学学报，2018（05）.

话题。① 魏德志等（2018）还基于博弈论和 SIRS 的热点事件进行传播仿真研究。刘国威等（2018）基于网络舆情生命周期的微博热点事件进行主题演化研究。王奕文（2017）等对基于关联规则的热点事件时序分析方法进行了介绍。赵金楼（2015）等基于随机 Petri 网的网络群体事件演化进行了 SPN 模型和马尔可夫链模型构建研究。

第四，思想政治教育领域。

高校思想政治教育尤其是大学生群体一直是学术界关注的一个热点问题。针对网络热点事件对大学生影响，如社会心态（刘鑫，2014）、信息认知方式（赵迪，2013）和思想行为等进行了实证研究，对网络热点事件融入大学生思想政治教育（宋美丽，2014）、引导大学生良好社会心态（朱德东，2015）、大学生网络政治意识表达问题与对策（辛立章，2017）等进行了探讨。白林驰（2018）则从高校辅导员在网络热点社会思潮引领中的角色扮演视角研究如何加强对大学生的思想引领。②

价值、价值观方面，近年来研究成果较多，尤其是 2014 年以后，学术界对社会主义核心价值观的研究成果颇为丰富。20 世纪 80 年代以后，价值问题进入中国哲学讨论的领域。一些研究者从价值论与马克思哲学关系视角探讨问题，如陈述、赵守运（1992）《再探"价值"与"真理"的关系》一文，从价值与真理关系视角研究价值。黄希庭、金盛华、徐玉兰等人从不同视角对价值观内涵进行了界定。李德

---

① 魏德志、陈福集、林丽娜. 一种基于时间序列的热点话题发现模型和算法[J]. 情报科学，2017（10）.
② 白林驰. 辨识、批判、培育：高校辅导员在网络热点社会思潮引领中的角色扮演[J]. 毛泽东思想研究，2018（04）.

顺（2013）专著《价值论——一种主体性的研究》主要从价值的存在论、价值的意识论、价值的实践论三个方面进行了深入研究。① 陈来（2015）则从国学流变与传统价值观视角研究中华文明的核心价值，对中华文明的哲学基础、价值观与世界观及国学流变等问题进行了探讨。②

关于社会主义核心价值观的研究自2014年后呈现出爆发式增长的态势，但与网络尤其是网络话语方面研究主要集中在三个方面：

网络话语权建设视角。学界对加强社会主义核心价值观网络话语权建设的价值意义、问题挑战与困境、立场原则、内涵特征、路径策略等方面进行了探讨。如有学者指出，社会主义核心价值观网络话语权建设的价值意义在于引领传播先进网络文化的必然要求、提升网络意识形态话语权的迫切需要、传播社会主义核心价值观的重要前提（秦程节等，2016）。在网络时代，有学者认为应当清醒认识当前所面临的问题和挑战。网络时代价值观的多样化给人民群众的价值辨别带来了困难，网络时代价值观冲突的激烈化为一些人反对社会主义核心价值观提供了掩护。当前，社会主义核心价值观受到自由主义、历史虚无主义、网络宗教话语等的严重挑战，网络话语权建设已刻不容缓（桑明旭，2017）。当下，构建社会主义核心价值观网络话语权，面临着网络文化乱象冲击社会主义核心价值观、社会现实矛盾消解着社会主义核心价值观的网络控制力、网民道德素质水平低下削弱社会主义核心价值观信仰等现实困境（李春艳，2017）。互联网时代网络话语

---

① 李德顺. 价值论——一种主体性的研究 [M]. 北京：中国人民大学出版社，2013.
② 陈来. 中华文明的核心价值：国学流变与传统价值观 [M]. 北京：生活·读书·新知三联书店，2015.

呈现主体草根化、内容生活化、理念碎片化、空间全球化等特征，使核心价值观话语面临着诸多困境：一是话语主体困境，教育者话语权威的式微；二是话语内容困境，日常网络话语的挑战；三是话语理念困境，工具理性的冲击；四是话语空间困境，西方价值观的渗透（张丽丝，2016）。针对这些困境与挑战，学界提出了关于社会主义核心价值观网络话语权建设的路径策略。比如，转变思路——创新话语内容；加强话语阵地建设；设计方法——基于网络传播规律（王凤仙等，2017）。

网络文化及网络治理视角。对社会主义核心价值观引领网络文化的路径方法等进行了研究。其中，一些研究者对大数据条件下实现社会主义核心价值观与网络文化治理的融合问题进行了探讨。为了有效推进社会主义核心价值观融入网络文化治理，国家和政府应在借鉴国外有关政策扶持、信息立法、网络监管、国际合作等大数据经验的基础上，加强大数据条件下社会主义核心价值观的网络话语体系建设、网络危情预警机制建设和保障机制建设等（赵建超，2017）。

新媒体传播与教育引导视角。郑萌萌（2016）从新媒体与社会主义核心价值观关系、内涵、特点、现状与路径方面进行了深入研究。范林杰等（2017）从微文化生态下大学生社会主义核心价值观教育网络话语权研究视角探讨了微文化内涵、社会主义核心价值观教育面临的机遇和挑战，并提出提高微文化生态下大学生社会主义核心价值观教育网络话语权的建议。刘宁等（2017）从网络流行语的维度分析了新媒体视阈下社会主义核心价值观传播话语权构建。

关于社会主义核心价值观语义分析方面研究。当前学术界关于社会主义核心价值语义分析方面研究的成果非常少。付克新（2015）从语义角度分析社会主义核心价值的整体性，主要包括社会主义核心价值体系与社会主义核心价值观两个方面。何红连（2013）从语义解析方面对价值、价值观、社会主义、核心等进行了界定。章凤红等（2010）从语义及结构两个层面对社会主义核心价值观进行了深入解读。很少有从计算机语义分析的视角进行研究。

（二）国外研究现状

主要集中在三个方面：一是关于价值观研究方面，西方对价值观内涵尤其是工作价值观内涵、结构、与人口统计学、组织行为、个性等相关因素及跨文化研究等方面进行了深入探讨。学界对价值观进行了分类与测量，主要有直接取向测量方法及间接取向测量方法两类。直接测量法主要包括排序法（Rokeach，1973）、比率法（Schwartz，1980）、两两比较法（Oishi S.，1998）、主观偏好量表法（Schwartz，2001）等。二是关于话语理论研究，索绪尔、乔姆斯基、吉利恩·布朗、乔治·尤尔、乔治·埃利亚、萨尔法蒂、杜利等基于语言学视角进行话语分析。诺曼·费尔克拉夫、海姆斯、罗纳德·斯考伦、梵·迪克从话语社会文化与心理视角进行研究。福柯、巴赫金、葛兰西、哈贝马斯、维特根斯坦等探讨了话语与意识形态的关系。三是关于文本计算机语义分析方面，主要有三种视角，即以篇章结构、词汇语义、背景知识为核心的篇章语义分析研究，如修辞结构理论（RST）、宾州树库理论（PDTB）、篇章图理论（Discourse Graph Bank）、语义词汇链理论（Lexical Cohesion）、焦点理论（Focus Theory）、框架语义学（Frame Net）、脚本理论（Script Theory）等。

（三）研究趋势

尽管对网络热点和社会主义核心价值观的研究都很多，但是从价值引导与构建视角研究网络热点问题的却相对较少。从现有研究成果来看，还主要集中在对高校大学生这一特定群体上。曹蕾（2017）从网络热点事件在高校学生中传播的现状和趋势，分析对高校学生价值观的影响。[①] 吴洁（2017）分析了网络热点事件对大学生价值观的影响途径。王华（2018）通过具体网络案例分析热点事件负面舆论带来的影响，分析原因，从政府与媒体的角度探讨如何树立核心价值观引领意识。[②] 漆晓玲（2017）基于网络热点事件，探讨采用"一个主题＋两个突出＋三条战线"的协同引导策略，帮助大学生树立正确的世界观、人生观和价值观。吴洁（2018）基于新媒体视角，以网络热点事件有效运用为例分析加强大学生社会主义核心价值观引导。薛明达（2016）从高校网络热点事件审视大学生的价值观。

在现有的研究成果中，描述性、解释性和重复性的研究很多，在研究方法上规范性研究多、实证研究方法较少；对于网络热点事件的价值引导与构建研究缺乏有效手段与方法。对网络热点事件价值引导个案探索多，进行规模文本挖掘较少；对事件现象、传播规律、舆情研判、社会心理等方面研究多，价值量化分析的成果较少，尤其对事件背后的价值诉求与价值构建关注较少。一些研究者注意到了传统媒体价值构建问题，对新闻周刊的公共价值构建（赵若含，2014），徐

[①] 曹蕾. 网络热点事件对高校学生价值观的影响［J］. 教育现代化, 2017（07）.
[②] 王华. 面对网络热点事件负面舆论 树立核心价值观引领意识［J］. 新闻传播, 2018（19）.

勇（2015）基于价值累加理论，李彪（2013）从话语平权与集权角度对网络热点事件进行了研究，未来这方面的研究会逐步增多。

第二节　研究目的及意义

网络热点事件作为一种人们交流情感、进行道德反思的重要载体，网络热点事件中蕴含着人们的价值诉求，也是现实社会生活的一面镜子，是社会文化价值构建的流动反映与表达，因此要对网络热点事件进行文本语义价值分析。

一、研究目标

本课题立足于新时代中国特色社会主义文化发展理念，以马克思主义意识形态理论和话语权理论等为基础，从实证研究的角度出发，通过采集、梳理近年来网络热点事件的话语文本，采用分词→词频→社会语义分析→语篇互文性分析等多种方式对网络热点事件进行深入研究与分析，找出网络热点事件背后的文化价值构建的规律特点及存在问题，为引导舆论、加强主流意识形态在网络上的建设，扩大社会主义核心价值观的辐射与有效影响提供路径与方法支撑。

二、研究意义

网络热点事件是网络话语价值构建与舆论引导的重要载体,网络热点事件的复杂性又是多重矛盾冲突与激化的结果,呈现出一果多因、相互关联、牵一发而动全身的复杂状态。网络成为人们生活中必不可少的存在方式,也是社会文化交流的重要场域。网络热点事件是对社会发展变迁的动态记录和反映,研究网络热点事件价值引导与构建具有以下方面的意义:

(一) 有利于促进新时代中国特色社会主义思想文化建设

随着互联网在我国的快速发展与普及,新媒体使用人数的增多,网络日益成为人们话语表达、构建、传播、讨论的主渠道和重要舆论场所。如何将社会主义核心价值观体现到网络文化中,用正面声音和先进文化占领网络阵地,首先需要研究网络热点事件话语传播构建规律,把握话语策略,增强话语有效性与影响力,促进和提升新时代中国特色社会主义思想文化建设。

(二) 有利于巩固主流意识形态地位,促进社会全面进步

从目前官方应对突发事件的角度来看,存在着重事实与就事论事分析、轻事件价值分析的情况。事件内在价值的分析有助于从本质上认识事物的内部矛盾,为有效化解价值冲突与矛盾,疏导公共情绪起到良好的作用。

面对改革开放和发展社会主义市场经济条件下思想意识多元多样

多变的新特点，积极培育和践行社会主义核心价值观，对于巩固马克思主义在意识形态领域的指导地位、巩固全党全国人民团结奋斗的共同思想基础，对于引领社会全面进步，集聚全面建成小康社会、实现中华民族伟大复兴中国梦的强大正能量，具有重要现实意义和深远历史意义。

（三）有利于构建中国特色社会主义话语体系

网络热点事件是人们网络话语表达的重要载体，是人们价值情感态度和现实语言的延伸，是传统话语体系与现代话语体系交错，网络话语特殊性与现实话语普遍性交织的综合体现。加强网络热点事件尤其是负向事件的正向引导，有利于打消人们的疑虑、化解社会矛盾，增强价值认同，有利于构建充分反映中国特色、民族特性、时代特征的价值话语体系，提高整合社会思想文化和价值观念的能力，掌握价值观念领域的主动权、主导权、话语权，引导人们增强文化自信、理论自信、制度自信与道路自信。

（四）有利于提升国际话语权，增强国家软实力

目前，我国正处于两个一百年的历史交汇期，在前所未有的改革、发展和开放进程中，各种价值观念和社会思潮纷繁复杂。国际敌对势力正在加紧对我实施西化分化战略图谋，网络思想文化领域是他们长期渗透的重点领域。面对世界范围思想文化交流交融交锋形势下价值观较量的新态势，深刻把握社会主义核心价值观网络话语构建的策略与方法，有利于解决国内发展中遇到的各种价值冲突与矛盾，形成共识、凝聚力量，提高和增强国家文化的软实力与吸引力。同时，有利

于成功地运用我国网络话语策略，向国际传播政治理念、塑造国家形象，凝聚民族精神与力量，有利于国家在国际政治中争夺话语支配权，扭转在国际话语中的被动应对的局面。

（五）有利于拓展研究范式和研究视域

社会主义核心价值观要提高网络话语引导力，需要理论研究，同时还要积极借鉴、吸收现代自然科学发展新成果。运用计算机语义分析，可以对批量文本进行深度研究，有利于促进研究范式由定性研究向定量研究的转化，从微观实证研究视角探讨形式、内容、效果、传播规律，为网络热点事件价值引导从理论向实践转化探索路径并提供方法、手段支撑。

第三节　研究内容、思路及方法

本课题将从学术话语文本及网络话语文本两个方面出发，按照理论与内涵→历史与现状→策略机制与趋势的逻辑脉络层层推进。首先从理论基础上研究网络热点事件进行价值引导与构建的必要性与意义，同时确定研究框架与研究对象。在此基础上，通过网络热点事件话语文本的采集与分析，描述历史演变过程和影响因素，找到矛盾与问题，概括特征。最后，针对问题提出网络热点事件价值构建机制与话语策略，旨在一方面推动中国特色社会主义思想文化创新，另一方面为增强网络阵地话语权建设提供启示借鉴。

一、研究内容

内容之一：理论与内涵

在理论基础方面，一是深入研究马克思主义经典作家关于话语权、意识形态与文化建设方面内容，为研究提供理论指导框架。二是借鉴西方话语权与话语理论，如福柯认为话语在本质上就是一种权力的存在与表现。近现代以来，西方哲学经历了"语言学转向"，对话日益成为一个重要的理论与实践问题。马丁·布伯、戴维·伯姆、巴赫金、哈贝马斯、加达默尔等思想家分别从各自的角度深刻地阐述了对话的内涵，积极践行对话，通过梳理对话理论，为社会主义核心价值观在网络话语中进行有效对话提供参考与启示。三是研究篇章语义分析方法手段，为更准确把握文本背后的价值倾向与情感态度提供科学支撑。

具体见下图：

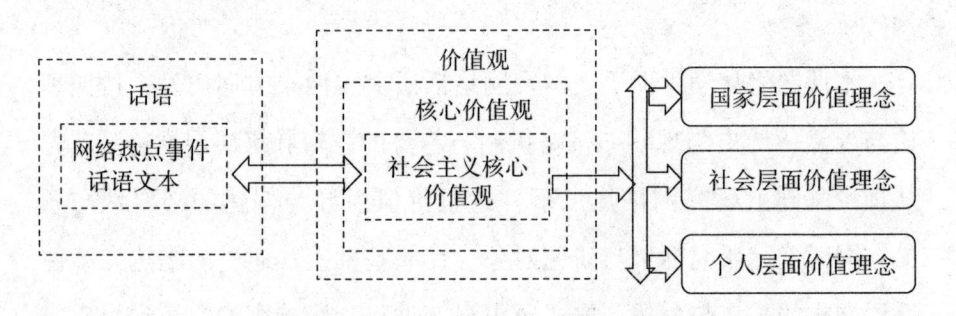

图1-4 网络热点事件与社会主义核心价值观话语关系图

内容之二：历史与现状

对网络热点事件话语文本与价值构建进行纵向梳理，总结历史经验，为调研现状提供思路和借鉴。网络热点事件的社会主义核心价值观网络话语构建引导现状主要从四个方面进行调研分析：一是网络话语主体比较分析。按照网络话语的平台渠道划分主体，对官方主流网站人民网、微信公众号、凤凰资讯三种话语主体文本内容进行研究。二是网络话语内容价值理念分析。将网络热点事件中的话语作为主要研究对象，确定网络话语典型案例与文本采集抽样框，采取大数据采集集成调研方式，从不同平台与渠道进行数据抓取，将抓取数据进行筛选与类目建构。对最终话语文本按年度和事件为维度，进行计算机分词、词频、社会语义、情感态度、价值取向分析，并通过人工进行语义分析准确性检验与矫正，厘清相同事件背后不同话语主体之间态度倾向与价值观冲突矛盾点，了解民间网络话语背后的价值诉求，反映突出问题和社会关切，为价值引导提供话语内容支撑。三是网络话语模式研究。网络技术特性使得话语权力主体发生了较大变化，在网络中，不同话语主体有不同的话语表达方式与特点，通过对文本话语方式研究，尤其是话语间性（互文性）分析，考察网络话语不同群体之间契合度。四是社会主义核心价值观网络话语特征与面临的挑战。在前面研究基础上，概括总结网络话语传播方式、内容表达、话语主体等规律和特点，分析现阶段面临的价值引导方面存在的问题。

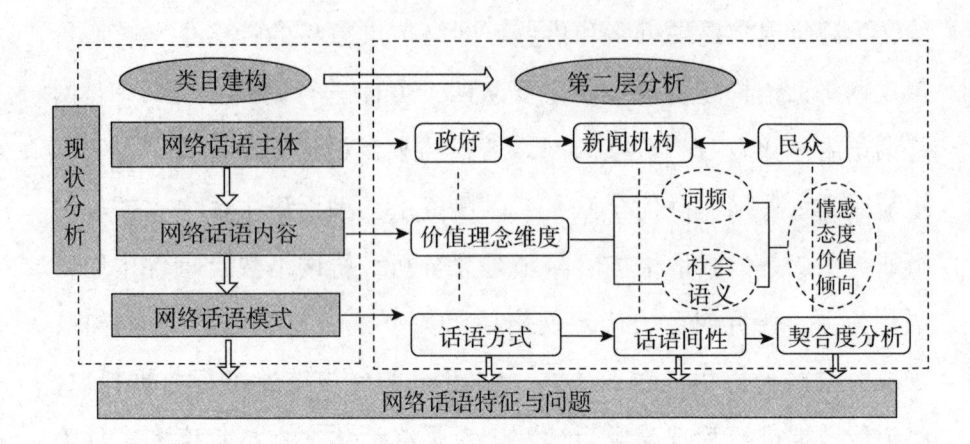

图 1-5 网络热点事件话语文本分析

内容之三：策略机制与趋势

通过对社会主义核心价值观官方与民间网络话语构建形式、价值取向等方面的实证分析研究，具体讨论制约主流话语有效宣扬核心价值观的因素与存在的问题，并对提高构建社会主义核心价值观主流话语的有效性提出构建原则与策略建议。

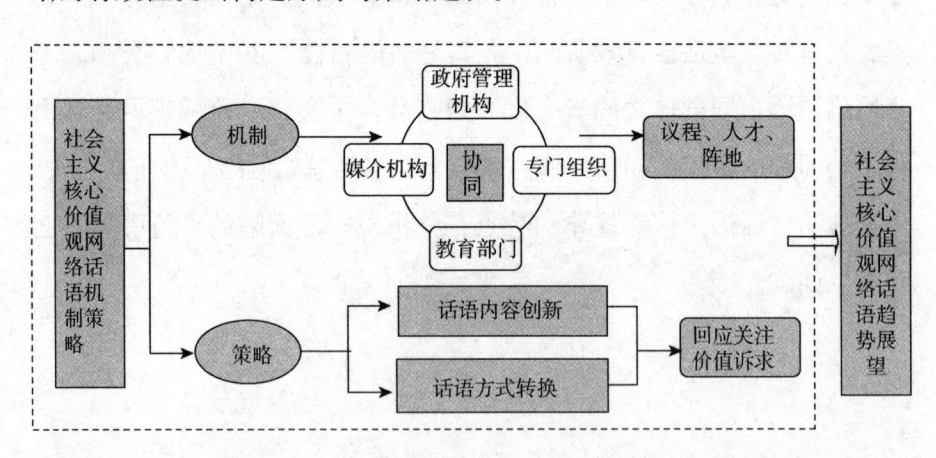

图 1-6 网络热点事件社会主义核心价值观网络话语机制策略与趋势

二、拟突破的重点和难点：

网络话语文本抽样框的合理确定是研究的前提和基础。网络热点事件是网络话语情感、态度与价值取向的集中反映，也是构建网络话语、进行价值引导的有效途径。以网络热点案例作为话语文本采集类目，研究确定网络话语文本抽样框，根据不同渠道进行大数据文本采集。

网络话语文本分析中，运用计算机手段进行语义分析的准确性是拟突破的重点，也是难点，目前需要人工辅助检验准确性，应当兼顾文本分析的科学性与价值性的统一。

网络话语模式研究与内容研究一样，也是重点内容，对不同话语渠道平台里的话语主体进行方式方法研究，有助于找到影响社会主义核心价值观网络话语效果的关键因素。网络话语文本之间的契合度、话语间性、差异性是决定传播效果的核心因素。

三、研究思路

本项目按照理论与内涵→历史与现状→策略机制与趋势的逻辑思路分3大部分内容逐层推进。

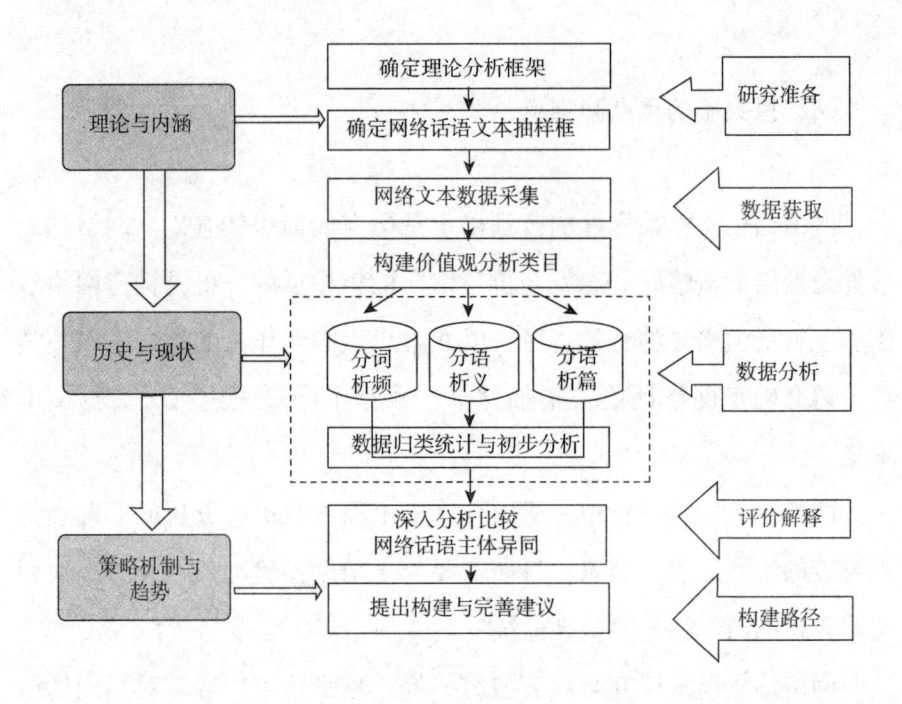

图 1-7 研究思路

四、研究方法

（一）文献分析法

以国内外相关数据库的文献为蓝本，查阅国内外有关话语权、价值观、社会主义核心价值观理论及其与语言学、社会学、传播学、数据挖掘等学科的结合研究等成果，了解研究现状和发展趋势，从中获取有利于课题研究的帮助。

(二) 文本语义分析法

本项目以网络热点话语为切入点,主要通过数据采集、样本抽选、类目建构、定量处理与计算、数据分析等过程对社会主义核心价值观在网络中的话语实践情况进行量化分析,考察网络话语的特征与文本价值取向。

面对互联网海量文本数据,如何进行有效信息数据挖掘是进行内容分析首先要面对和解决的问题。本研究在确定抽样框和类目建构的基础上,主要采用搜索引擎、数据采集软件等对网络话语文本进行大规模数据采集,在此基础上,对相关网络话语进行人工交叉语义分析,采取对篇章话语分词→词频统计→社会语义网络分析→情感态度→价值倾向的逻辑过程,考察网络话语传达出来的意图、观点与价值倾向,从而为社会主义核心价值观在网络话语中的有效构建提供手段支撑。

(三) 案例研究法

本项目采取多重个案探索性研究,对近5年网络热点事件中的典型话语文本采取比较分析法,对网络热点事件中官方与民间话语价值诉求与倾向进行量化分析,为价值构建提供方法支撑。

第二章

网络突发事件中的社会主义核心价值观引导与构建研究

社会转型时期，运行风险增大，同时，互联网技术的发展使得媒介社会化语境增强，网络突发事件频发，从马航失联、勒索病毒爆发到"东方之星"沉船、山东问题疫苗等成为公众关注度高、影响范围广的大事件，如果应对处理不及时、效果不理想，很容易造成网络谣言、噪声污染等次生危害。大众媒体对突发事件的报道具有议题建构的效果，媒体对于突发事件处理的评价也会建构社会大众对于政府或某类社会组织对危机处理能力的认知与态度。[①] 如何加强政务公开，做好网络突发事件中的舆情回应与社会主义核心价值观引导与构建，既是新时期提升网络综合治理能力的内在要求，也是提升中国特色社会主义文化吸引力和感召力的重要途径。2019年，习近平总书记指出："加强互联网内容建设，建立网络综合治理体系，营造清朗的网络空间，是党的十九大作出的战略部署。要坚持系统性谋划、综合性

---

① 于晶."从媒体到受众"政府危机传播效果的二级评估模式建构[J].新闻与传播研究，2012（02）.

<<< 第二章 网络突发事件中的社会主义核心价值观引导与构建研究

治理、体系化推进，逐步建立起涵盖领导管理、正能量传播、内容管控、社会协同、网络法治、技术治网等各方面的网络综合治理体系，全方位提升网络综合治理能力。"[1]

根据中国 2007 年 11 月 1 日起施行的《中华人民共和国突发事件应对法》的规定：突发事件，是指突然发生，造成或者可能造成严重社会危害，需要采取应急处置措施予以应对的自然灾害、事故灾难、公共卫生事件和社会安全事件。所谓"网络突发事件是指在网络世界突然发生，带来严重社会危害，需要采取应急处置措施予以应对的事件"。[2] 本文所指网络突发事件是在网络或现实生活中突然发生并通过互联网迅速发酵，造成或可能造成严重社会影响，需要采取应急处置措施加以应对和价值引导的事件。

第一节 研究思路与样本选取

文化的核心是价值观，培育和践行社会主义核心价值观是当代中国文化软实力建设的重点，网络突发事件是多元价值观念冲突和调节的动态反映，也是进行社会主义核心价值观网络引导与构建的重要渠道。

---

[1] 习近平. 习近平主持召开中央全面深化改革委员会第九次会议 [EB/OL]. 新华社，2019-07-24.
[2] 王梅. 论网络突发事件的应急对策 [J]. 网络时空，2010 (6).

一、研究问题

研究立足于文本内容分析，对网络突发事件文本的发布时间、数据来源、词频、社会语义网络、话语模式、价值观等进行深入分析，总结网络突发事件中的社会主义核心价值观引导与构建规律特点，为增强主流意识形态价值引领力和文化自信提供微观层面方法和路径支撑。

二、研究方法与思路

（一）研究思路

选取2014年至2018年发生的典型网络突发事件进行相关数据采集，运用内容分析、话语模式、词频语义、价值态度等分析方式对有关新闻报道及评论进行研究，了解网络突发事件背后民众的价值诉求；对政府或组织回应文本进行价值引导与构建分析，阐明网络突发事件中的社会主义核心价值观引导与构建策略与经验。

（二）研究方法

采取多重个案探索性研究方法，对相关文本进行分析。
1. 文本内容分析方法
首先对事件中的规模文本进行宏观计算机梳理分析，通过分词、词频聚类、社会语义网络分析等进行初步分析。

其次，对相关文本采取人工话语模式、语义与社会主义核心价值观关联分析，采取文本语篇价值观最大范畴方式进行深入分析。

最后，总结规律特征，为网络突发事件中社会主义核心价值观引导与构建策略提供支撑。

2. 比较分析方法

采用比较分析的框架，分别选取主流网络媒体人民网和公众媒介平台微信公众号和凤凰资讯作为数据采集来源，比较官方主流网络媒体与大众媒介平台在网络突发事件中的话语模式、价值观引导构建方面的异同，为增强话语引导力提供分析框架。

三、样本选取与数据来源

按照自然灾害、事故灾难、公共卫生事件和社会安全事件的分类，选取2014至2018年发生的网络突发事件作为抽样框，主要选取了事故灾难、公共卫生事件和社会安全事件进行分析，同时选取了一个因自然灾害引起的公共安全事件"东方之星沉船事件"作为典型个案研究。

（一）样本选取

根据人民网舆情指数，选取了6个热点事件进行数据采集和分析，详见表2-1：

表 2-1 网络突发事件案例选取

序号	网络突发事件	时间（年）
1	马航失联事件	2014
2	江苏昆山爆炸事件	2014
3	上海踩踏事件	2015
4	山东问题疫苗事件	2016
5	勒索病毒蔓延	2017
6	萨德事件	2017

数据采集来源包括人民网、微信公众号和凤凰资讯，共采集1063份文本数据。其中国际网络突发事件3件、国内网络突发事件3件。

（二）文本数据时间与数量

通过输入关键词采集数据，对6个事件相关文本发布时间与数量进行统计归类，可以看到在同一事件中不同媒体的反应速度和议程设置策略。

从国际突发事件3个案例文本时间与内容聚集度上看，不同事件媒体话语策略与风格和组织完全不同。

在马航失联事件中，人民网于2014年4月23日最先发布相关报道，微信公众号随后于2014年9月22日才开始进行相关内容议程设置，凤凰资讯最晚发布相关内容，2017年1月6日才开始。

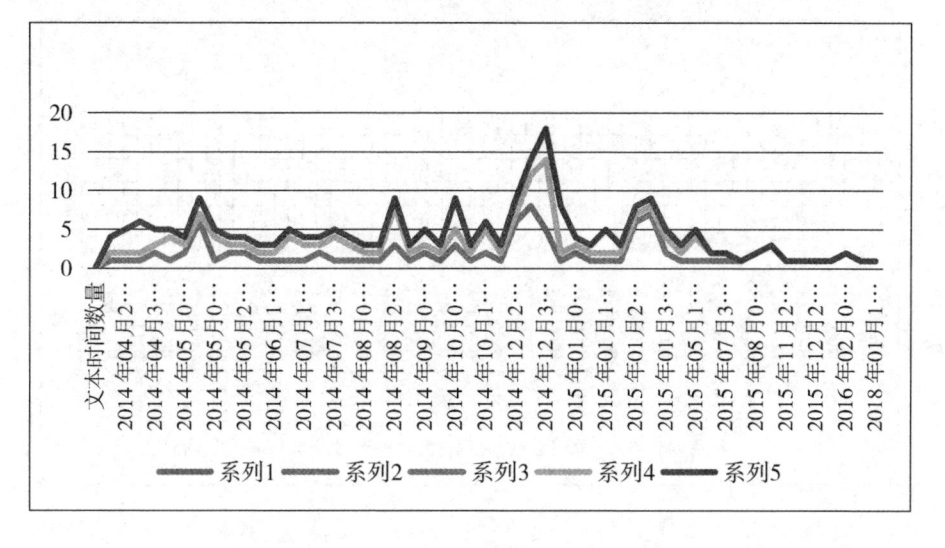

表 2-2 马航失联事件——文本时间与数量

从时间跨度来看，微信公众号最长，持续了3年零10个月；其次是人民网，3年零8个月；时间跨度最短的是凤凰资讯，仅持续了1年零2个月。从内容聚集度上看，人民网聚集度最高，101篇相关内容；其次是微信公众号，74篇；凤凰资讯64篇，这充分体现出在重大国际事件中主流媒体的议程设置能力较强。人民网2014年12月30日文本量达到最高峰值，数量为8篇；微信公众号2018年3月20日达到最高峰值，数量为9篇；凤凰资讯2018年1月11日达到最高峰值，数量为6篇。详见表2-2。

在勒索病毒全球蔓延事件中，微信公众号与凤凰资讯反应速度较快，都是从2017年5月13日开始设置议题，人民网于2017年5月15日开始。该事件持续时间相对较短，人民网对该事件的关注持续时间最长，达到9个月；凤凰资讯持续8个月时间；微信公众号持续时间最短，仅为6个月。

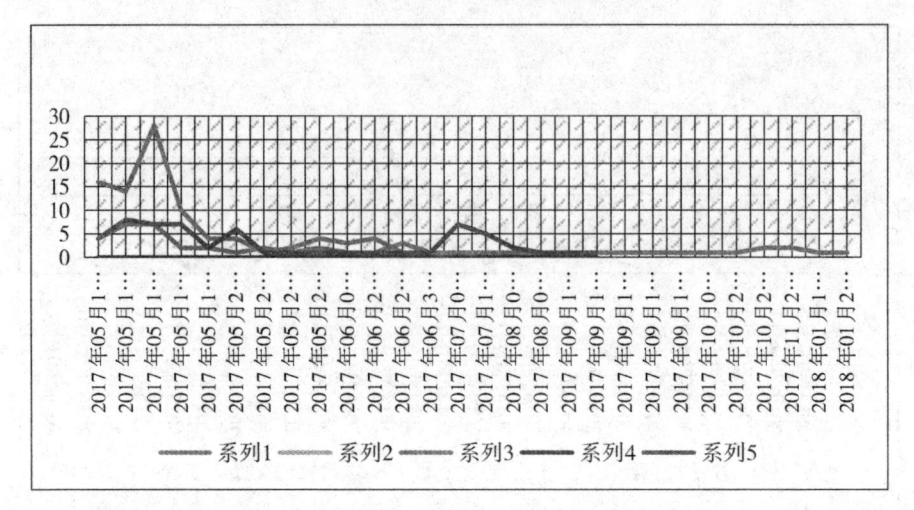

表2−3 勒索病毒——文本时间与数量

三种媒介对该事件的报道评论都集中在前4天，充分体现了在网络中的时效性问题。从内容聚集度上比较，微信公众号内容聚集度最高，达到93篇，从表2−3系列3可以看到，在2017年5月15日达到最高峰值，然后迅速下降；其次为凤凰资讯，58篇相关报道，从表2−3系列5可以看出，除了2017年5月14日达到最高峰值，15、16日也保持了较高内容聚集度，随后在5月18日、6月28日又呈现几次波峰然后下降；从系列1来看，人民网在5月16、17日两天内容聚集度高，随后下降，但长尾效应较明显。

在萨德事件中，凤凰资讯反应速度较快，2017年1月16日开始相关报道，人民网与微信公众号相对较晚，从2017年2月20日才开始涉及相关内容。该事件凤凰资讯持续关注时间最长，达到1年零2个月左右；人民网持续时间为将近9个月；最短的是微信公众号，持续时间近8个月。从表2−4可以看出：该事件内容聚集程度不同媒介平台差异较大，人民网对事件议程设置较少，聚集度最低，仅有11篇文本；内容聚集度最高的是微信公众号平台，相关文本 72 篇；凤凰资讯仅次于微信公众号，涉及 59 篇文本。从表 2-4 的峰值变化可以看出，三者之间既有一致性，又有较大不同。系列 1 代表的是凤凰资讯，2017 年 2 月 28 日呈现最高峰值，9 篇相关内容；系列 4 为微信公众号，于 2017 年 3 月 7 日达到最高峰值，8 篇相关内容；系列 3 为人民网，仅于 2017 年 3 月 1 日呈现 3 篇相关报道，随后下降到较低关注度。

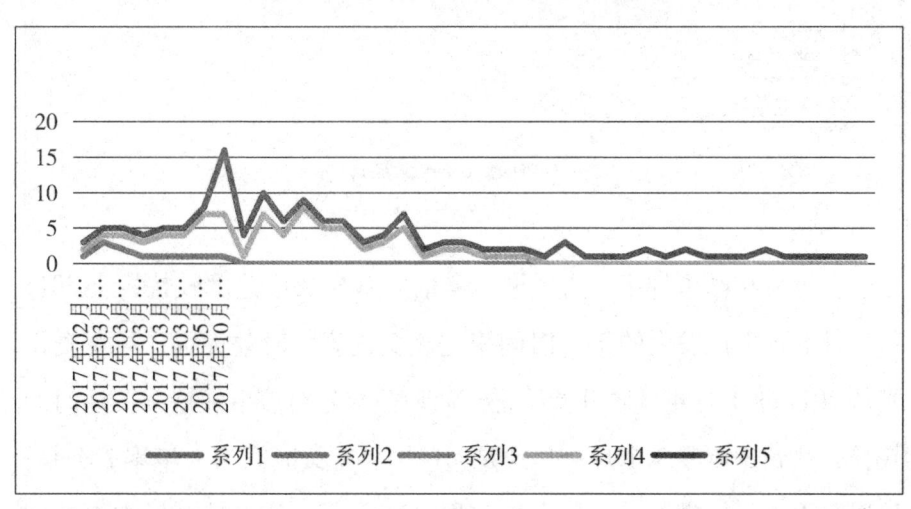

表 2-4　萨德事件——文本时间与数量

在江苏昆山爆炸事件中，只采集到人民网与微信公众号两种渠道的文本。微信公众号关注及时，于 2014 年 8 月 2 日第一时间跟进；人民网在前期没有进行相关议程设置，在 2014 年 12 月 30 日才开始进行报道。从表 2-5 中系列 3 可以看到：微信公众号对该事件关注持续时间较长，将近 4 年的时间；系列 1 的人民网持续时间较短，仅 7 个月左右。总体上，该事件内容聚集度不高，人民网仅涉及 24 篇相关文本；微信公众号相对而言内容聚集度较高，涉及 64 篇文本。从峰值变化上看，微信公众号与人民网的最高峰值都出现在 2014 年 12 月 31

日，分别为9篇和4篇，而这个时间节点正是国务院发布事件处理结果与意见的时间。

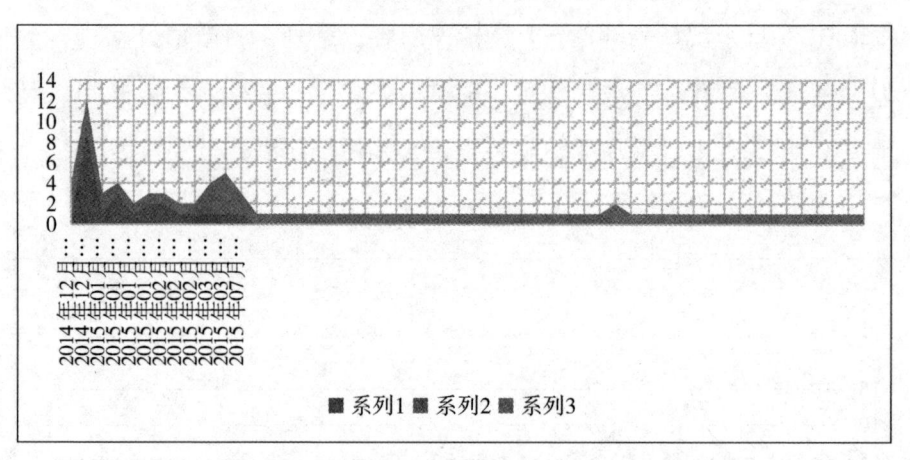

表2-5 江苏昆山爆炸——文本时间与数量

在上海踩踏事件中，人民网与微信公众号反应速度较快，于2015年1月1日事件发生的第一时间跟进相关内容，时效性强；凤凰资讯则从2017年1月4日才开始跟进。微信公众号对该事件持续关注时间较长，达到3年零3个月；其次是人民网，持续时间为1年零2个月；凤凰资讯为1年零1个月。在内容聚集度上，三种渠道总体文本量相差不多，人民网75篇、微信公众号82篇，凤凰资讯71篇，但在个别时间点上的内容强度来看，差异较大。从表2-6中可以看到：系列3反映出微信公众号在事发当日即达到最高峰值45篇；系列1的人民网也是在事发当日达到最高峰值44篇；系列5的凤凰资讯则在2017年3月23日达到最高峰值16篇，但文本与上海踩踏事件偏离较大，是另外一起踩踏事件的相关报道。

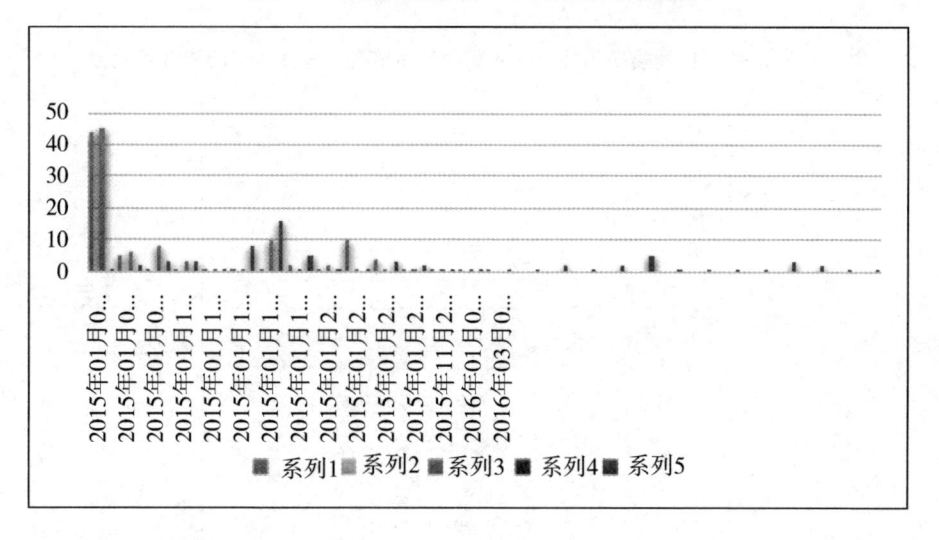

表2-6　上海踩踏事件——文本时间与数量

在山东问题疫苗事件中，人民网在事件发生之前的2013年就进行了关于类似疫苗问题的议程设置，但由于不是本事件，因此去掉特殊时间节点，人民网与微信公众号都在2016年3月19日进行了议程设置，时效性较强；凤凰资讯前期没有关注该事件，仅从次年1月21日才开始进行追踪。从持续时间来看，凤凰资讯时间最短，1年零3个月；人民网持续1年零8个月；最长的是微信公众号，持续2年零4个月。从整体上看，微信公众号文本内容聚集度最高，涉及80篇，人民网50篇，凤凰资讯仅有34篇。从表2-7的系列3可以看出，微信公众号分别在3月22日、23日达到最高峰值21篇后，关注度迅速下降；系列1人民网在3月23日达到最高峰值7篇后，后面有小幅波动，而后下降。由于在此事件中，凤凰资讯参与时间较晚，无法体现在同一图表内，因此，在表2-8中可以看到，2017年1月25日、11月5日分别两次达到峰值数量3篇，但总体关注度不高。

表2-7 问题疫苗事件——人民网与微信公众号文本时间与数量

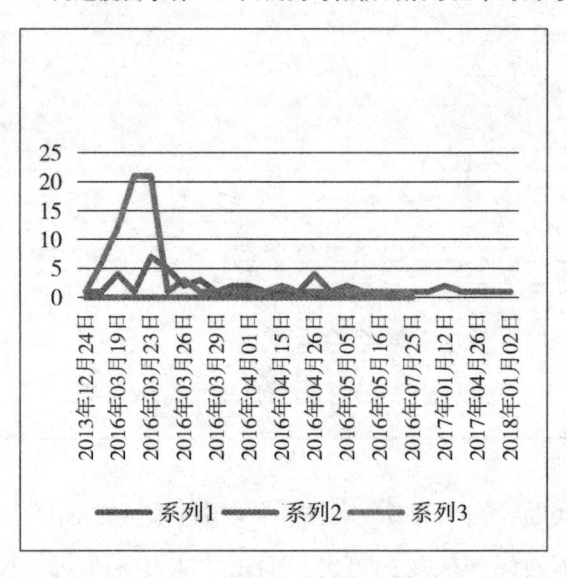

表2-8 问题疫苗事件——凤凰资讯文本时间与数量

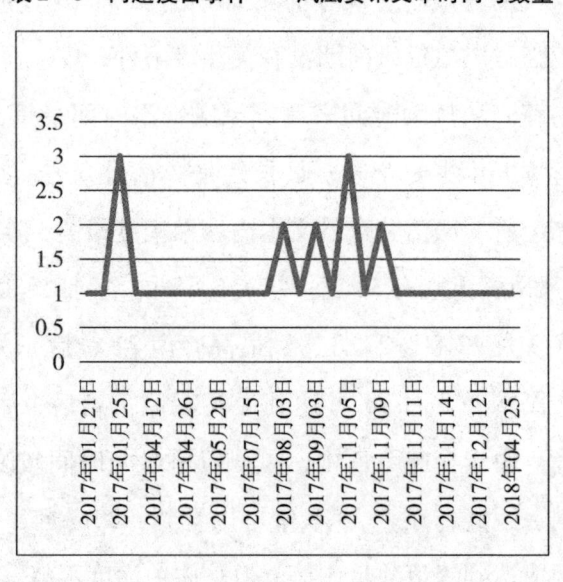

（三）文本数据来源

通过对1063份文本的数据来源进行统计归类分析，可以发现不同媒体数据来源有较大差别，这一定程度上也反映出传播主体话语内容与构建策略的差别。

对312份人民网文本来源进行统计梳理，可以反映出信息传播主体是在网络突发事件的信息传播活动中所表现出来的特征。

在表2-9显示的3个国际网络突发事件中，人民网文本来源20.5%是自采，其余主要来自传统主流媒体和网络主流媒体和政府网站，注重话语内容的权威性。其中，42%来自传统主流媒体，如新华社、光明日报、中国青年报、法制日报、南方日报、央视新闻等；57%来自网络媒体，如人民网、新华网、中国新闻网、环球网、中国日报网、中国经济网等；0.6%来自中国政府网。在来源渠道上，随着网络技术的普及，网络媒体已成为传播的主渠道，传统媒体比重有所下降。在马航失联事件中，信息来源主要为中国新闻网、人民网和新华网；勒索病毒事件和萨德事件中，人民网和新华社是其主要信息来源。

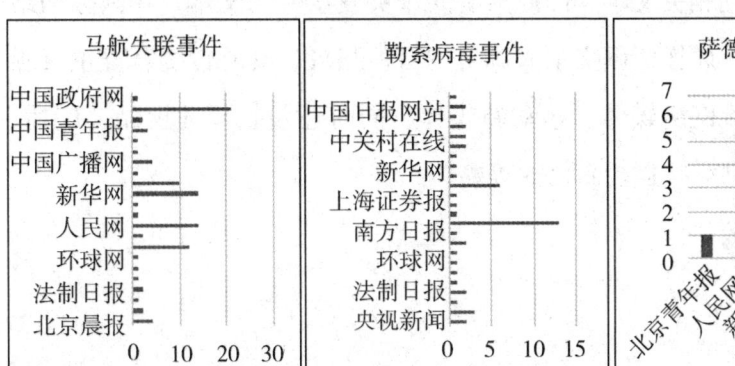

表2-9　国际网络突发事件——人民网文本来源

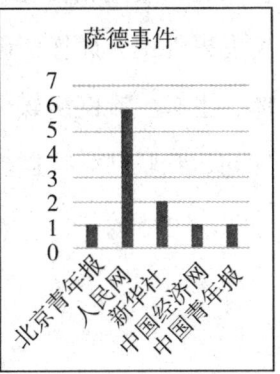

通过表2-10可以看到，在3个国内网络突发事件中，人民网自采来源占24.5%，其余主要来自传统主流媒体、网络主流媒体和移动新媒体及新闻杂志等。其中传统媒体占比为31.3%；网络媒体占比为65.3%，成为绝对主流；此外，手机移动新媒体如"手机看新闻"和新闻杂志类如"新闻爱好者"分别占1.3%；0.6%来自政府网站。

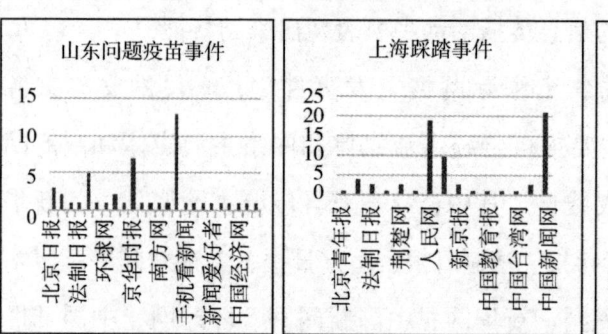

表2-10 国内网络突发事件——人民网文本来源

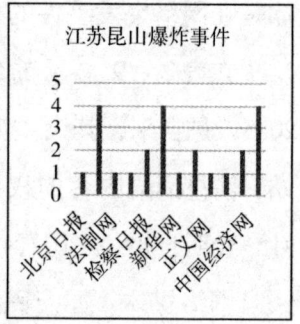

在昆山爆炸事件中，法制日报、人民网、中国新闻网是主要来源；在上海踩踏事件中，中国新闻网和人民网是其主要来源；在山东问题疫苗事件中，人民网和京华时报是其主要来源。

对凤凰资讯286份文本来源进行归类统计分析，其中昆山爆炸事件没有采集到相关文本，因此共有5个突发事件的文本。在国际网络突发事件中，凤凰资讯文本来源范围有所拓展，既有传统官方主流媒体，也有主流网络媒体、移动新媒体，同时还包括商业网站、广播、周刊、互联网科技创投新商业等媒体。

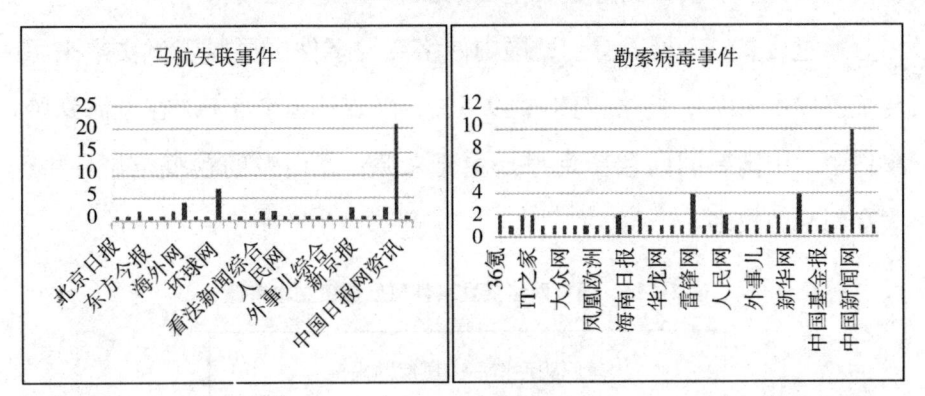

<<< 第二章 网络突发事件中的社会主义核心价值观引导与构建研究

表2-11 国际网络突发事件凤凰资讯文本来源

从表2-11、表2-12来看，凤凰资讯来源中传统主流媒体如北京日报、吉林日报、黑龙江日报、甘肃日报等官方主流媒体占32.6%；网络媒体占55%；一些融合媒体平台、新媒体占10.5%，此外还有个人、政府管理机构、内参等占1.7%。

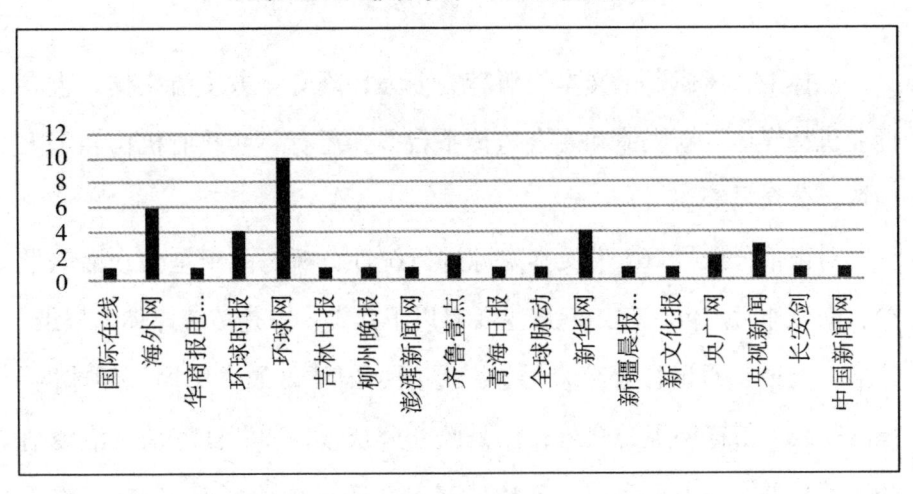

表2-12 萨德事件——凤凰资讯来源

在马航失联事件中，中国新闻网与环球网是主要来源；勒索病毒事件中，中国新闻网、雷锋网、新京报是主要来源；萨德事件中，环

39

球网、海外网、新华网等是其主要来源。

通过表2-13可以看到，国内网络突发事件中凤凰资讯文本来源传统媒体占40%，网络媒体占49.5%，新媒体占9.5%。在上海踩踏事件中，中国新闻网和新京报是主要来源；在山东问题疫苗事件中，大众网来源较多。

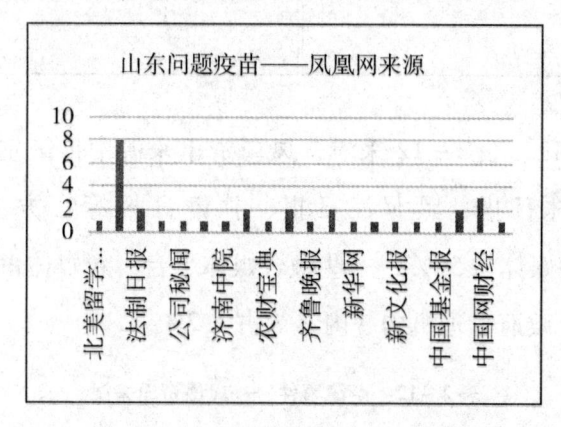

表2-13 国内网络突发事件凤凰资讯文本来源

山东问题疫苗——凤凰网来源

（横轴：北美留学…、法制日报、公司秘闻、济南中院、农财宝典、齐鲁晚报、新华网、新文化报、中国基金报、中国网财经）

总体上，凤凰资讯文本来源较为多元，既有官方主流媒体，也有商业机构媒体、新媒体和融合媒体平台等，还有一些政府机构和个人微博、公众号等。

对微信公众号465份文本来源进行统计分析，由于是公众话语平台，来源非常广泛，归纳起来主要有以下几类：一是传统媒体如报纸、广播、电视、通讯社等公众号；二是网络媒体，如人民网、环球网、国际在线、雷锋网等公众号；三是政务公众号，如浙江安监、涪陵消防、嘉兴公安、山东疾控、金华发布等；四是企业事业单位公众号，如数据中心、江苏欧邦、泰科钢铁、兵器工业521所技术研究中心等；五是个人或论坛公众号，如爱问客、他她帮、铸造吧、苏州安全论坛、城市论坛、白衣山猫、小疆哥、老白谈天等。总之，微信公众号成为新时期各种信息和公众意见态度的汇聚平台。

第二节 文本内容语义价值分析

网络突发事件是近年来广受社会关注的公共议题，也是网络公共安全和价值沟通引导的重要渠道。目前学界多从网络技术、舆情应对、传播规律等角度研究较多，对于网络突发事件中涉及的社会核心价值理念构建与引导涉猎较少。

根据2006年我国颁布的《国家突发公共事件总体应急预案》，常见的突发事件有四个类别：自然灾害、事故灾难、公共卫生事件和社会安全事件。一些学者尝试从其他视角把突发事件分为两种："一种是自然性突发事件，即由不可抗力造成人们难以预料的天灾人祸；另一种是社会性突发事件，在社会生活中突然发生的严重危及社会秩序、给社会局部或整体造成重大损失的事件。"① 除了自然灾害以外，其余三类都或多或少地与人为因素，如监管不力、管理粗放、决策不当等有一定的相关性。网络突发事件具有较强的社会破坏力，具体来说，这种破坏力可以概括为三个层面：（1）物质和经济损失，如人员伤亡、财产损失等，造成公众实际的生活困窘；（2）对公共秩序的破

---

① 刘建军、朱喜坤. 思想政治教育在应对突发事件中的作用 [M] //冯惠玲主编. 公共危机启示录——对SARS的多维视角. 北京：中国人民大学出版社，2003.

坏，如对社会政治生活的消极影响，社会正常秩序被打破，公众对公共管理者产生质疑和不信任，公众之间可能出现利益争夺等；（3）对社会心理、社会文化的消极影响，如普遍的社会恐慌心理、人际信任度降低、阶层冲突和相互仇视。[①] 突发事件除了造成巨大的显性物质破坏以外，还对隐性的社会文化、价值、心理等造成巨大的影响，如果处置不当，很容易引起社会互信度与公信力下降和价值认同危机。因此，加强新时期网络突发事件中的价值引导构建特点和规律研究探索，对于培育和践行社会主义核心价值观，提升社会文化凝聚力和认同感，增强中国特色社会主义文化软实力和国家安全具有十分重要的意义。

本文采取多重个案探索性研究方法，对1063份文本进行词频、语义、价值向度等方面的深度挖掘，同时，采取比较分析的框架，对不同渠道文本进行异同比较，归纳总结网络突发事件中社会主义核心价值观引导与构建模式特点。

一、文本词频分析

对6个网络突发事件文本在分词的基础上进行词频分析，分别对人民网、微信公众号和凤凰资讯三个渠道采集的数据进行词语聚类分析，输出排名前300的高频词汇，由于篇幅有限，只取排在前30位的词语进行分析。

---

① 秦启文．突发事件的预防与应对［M］．北京：新华出版社，2008．

<<< 第二章 网络突发事件中的社会主义核心价值观引导与构建研究

(一) 国际网络突发事件词频分析

对3个国际网络突发事件分别进行了文本高频词语比较，可以发现不同事件和不同媒介话语价值构建策略完全不同。

1. 马航失联事件

2014年3月8日，北京时间零时41分，MH370航班搭载227名乘客和12名机组人员，其中包括154名中国乘客，从吉隆坡国际机场起飞前往北京。起飞后不久，该航班在马来西亚吉隆坡航空管制区与越南胡志明市航空管制区交界处突然与地面控制塔失去联络。该事件发生后，立即引起中国和国际社会的广泛关注。

从三种不同渠道的内容聚集程度上看，人民网在议程设置上内容聚集度最高，其次是微信公众号，最少的是凤凰资讯，这反映出官方主流媒体对该事件保持了高度关注；作为公众话语平台的微信公众号对该事件也表现出了较高关注。在表2-14中可以看到：人民网中词频最高的是"搜寻"，达到1017次，充分体现出在事件发生之后，为了缓解公众焦虑，人民网强调通过搜寻一词来构建反映行动的力量，如国际社会对马航失联之后的搜寻工作，尤其是中国在该事件中积极出资、参与搜寻工作的行动力。微信公众号和凤凰资讯排在第一位的都是"马航"（891次、474次），强调对事件本身的关注。人民网和微信公众号排在第二位的是"飞机"一词，对飞机相关信息和失联情况等表达强烈关注；凤凰资讯排在第二位的是"搜寻"，也强调对相关搜寻行动的关注。三种渠道对事件反映与构建既有内容上的一致性，比如，都对事件进展、搜寻行动、失联地点、飞机航班、国际应对等给予了关切。同时，也出现了一些差异化的词语内容构建：人民网高频词中有一些特殊词"中心""时间""国家""人民""参与"等，在其他两种媒介中没有体现。"中心"体现了国际和国内相关机构组织在事件中的反应和行动，如搜救中心，家属协助、援助、联络中心，交通控制中心、研究中心等。"时间"表达了对搜救时间、失联乘客家属关注事件时间、相关进展追踪报道时间等多角度构建。"国家""参与"词汇反映出马航失联事件中参与搜救行动的国家力量和态度。除了"人员"之外，人民网还通过"人民"一词表达以人为本、人民至上、不放弃搜救等相关价值构建。微信公众号中特殊词语不多，"报告""海底""澳洲"等词语体现了对事件调查报告、海底搜寻、澳洲工程师的发现等细节内容的构建。凤凰资讯中特殊词语较多，如"北京""平方公里""海洋""被告""运输""吉隆坡""无限""法院""标题"等，从内容上看，着重对马来西亚重启搜寻MH370、法律赔偿、搜索范围等表达了关注。

表 2–14 马航失联事件文本高频词比较

人民网		微信公众号		凤凰资讯	
搜寻	1017	马航	891	马航	474
飞机	827	飞机	813	搜寻	467
客机	820	搜寻	725	马来西亚	405
马航	622	马来西亚	616	航班	320
航班	602	航班	519	飞机	270
中国	584	客机	470	客机	247
马来西亚	517	残骸	410	中国	182
乘客	362	澳大利亚	330	澳大利亚	166
澳大利亚	346	中国	278	残骸	151
航空	333	找到	212	航空	141

续表

人民网		微信公众号		凤凰资讯	
家属	298	印度洋	208	家属	138
人员	285	失事	197	事件	123
残骸	283	乘客	192	区域	114
海域	269	美国	180	北京	103
事件	250	行动	177	政府	103
印尼	245	失踪	171	平方公里	98
区域	229	宣布	170	行动	87
调查	225	家属	166	海洋	84
印度洋	225	政府	163	乘客	81
失事	223	事件	162	美国	80
政府	214	人员	161	被告	79
中心	204	报告	156	找到	76
宣布	201	区域	155	运输	76
时间	198	海域	148	人员	75
飞行	188	调查	139	吉隆坡	73
国家	178	航空	133	印度洋	73
水下	175	飞行	123	无限	71
人民	170	水下	117	水下	68
参与	158	海底	113	法院	68
机上	150	澳洲	113	标题	64

2. 勒索病毒事件

2017年5月12日，一场利用Windows网络共享协议疯狂传播的蠕虫病毒突然间席卷全球，很快波及100多个国家，20多万家机构电脑中毒。这起事件影响范围广泛，国际与国内多家企业、机构及个人网络信息安全受到较大威胁。从议程设置内容上看，微信公众号聚集度

45

最高,其次是凤凰资讯,人民网相对来说最少。从表2-15中可以看到,三种不同媒介排在前两位的高频词语内容完全一致,都是"病毒"和"勒索"。人民网和凤凰资讯排在第三位的是"安全",通过这件事,信息安全成为社会关注的焦点;微信公众号排在第三位的是"攻击",既强调黑客制造的勒索病毒作为施动主体的"攻击"性行为的影响,同时也表达了对国家、社会机构、个人等作为受动主体受到"攻击"行为所产生后果的关注。三种媒介对该事件涉及的"勒索病毒""安全""攻击""电脑""系统""软件""文件""感染""漏洞""支付""比特""传播""影响""全球""国家""中国"等词语表示强烈的关切,对勒索病毒利用软件系统漏洞攻击电脑行为及目标、传播方式、社会影响等进行了内容构建,使人们能及时了解其危害。

表2-15 勒索病毒事件文本高频词比较

人民网		微信公众号		凤凰资讯	
病毒	592	病毒	965	病毒	836
勒索	418	勒索	630	勒索	585
安全	345	攻击	449	安全	456
网络安全	336	电脑	443	攻击	435
攻击	316	系统	403	系统	283
比特	199	文件	314	电脑	233
全球	177	安全	308	软件	191
国家	167	软件	300	国家	176
系统	157	比特	263	全球	167
软件	152	感染	228	网络安全	162
漏洞	138	全球	208	漏洞	162

续表

人民网		微信公众号		凤凰资讯	
企业	137	国家	194	感染	155
犯罪	133	黑客	186	传播	154
互联网	132	支付	165	文件	151
中国	123	漏洞	160	比特	144
技术	115	备份	160	黑客	129
电脑	107	赎金	156	美国	120
传播	104	使用	154	企业	117
平台	97	数据	153	事件	103
黑客	96	传播	147	机构	99
影响	95	补丁	145	中国	99
感染	93	点击	133	赎金	99
支付	93	安装	130	影响	98
数据	91	关闭	128	此次	95
威胁	89	影响	128	使用	94
社会	86	美国	126	支付	94
交易	76	中国	126	蠕虫	90
美国	75	英国	125	手机	89
发展	75	加密	123	爆发	86
金融	75	微软	118	加密	83

三者之间在内容构建上的差异也反映出关注视角的不同。人民网高频词中出现了一些特殊词如"犯罪""互联网""技术""平台""威胁""社会""交易""金融""发展"等，人民网强调网络安全的重要性，对网络犯罪行为立法、执法层面，网络技术本身的双面效应、比特币交易情况和交易服务平台和金融支付等方面进行了议程设置，内容构建范围辐射面较宽。微信公众号中的一些特殊词如"备份"

47

"补丁""点击""安装""关闭"等较为关注如何应对病毒威胁加强防范的细节，内容较为微观具体。凤凰资讯中的特殊词"事件""机构""蠕虫""此次""手机""爆发"等，对勒索病毒蔓延至手机、迄今为止全球最大规模的勒索软件攻击事件、被攻击的机构和安全防范机构、爆发的情况等现象进行了议程设置。

3. 萨德事件

2017年2月27日，韩国国防部表示，乐天集团当天召开董事会会议，决定把星州高尔夫球场地皮转让给国防部用于部署"萨德"反导系统。若双方正式签约，会很快开始设计和施工，在5至7个月内即可完成"萨德"部署。消息爆出之后，引起了国际国内社会的强烈反响。"萨德"部署将直接危害中国的国家安全和利益，中国民众对此表达了强烈的愤慨和不满。从文本内容上看，聚集度最高的是微信公众号，其次是凤凰资讯，最后是人民网。从表2-16中可以看到，三种媒介排名前4位的高频词语内容是一样的，都是"乐天""韩国""萨德""中国"，但在排序上有较大差别，反映出对同一事件关注视角的不同。人民网排在前两位的分别是"中国"和"韩国"两个词，反映出话语表达策略着重从国家关系与利益出发；其次排在三四位的词语是"乐天""萨德"，主要从事件本身进行内容建构。凤凰资讯词语排序正好相反，先强调事件本身，对"乐天""萨德"表示强烈关注；其次是国家关系与利益，排在后两位的分别是"韩国""中国"。微信公众号则是首先对韩国企业"乐天"集团为部署萨德提供用地给予密切关注，其次对中国的反应态度和部署萨德对中国国家安全的威胁表达了强烈不满。除上以外，三者之间话语内容构建较为一致的词语包括："部署""集团""系统""问题""反对""企业""民众"

第二章 网络突发事件中的社会主义核心价值观引导与构建研究

"事件""国家""安全""政府"等,都对国家安全、乐天集团为韩国部署萨德导弹系统提供用地事件、政府应对、中国民众反对和抵制等进行了议程设置。

表2-16 萨德事件文本高频词比较

人民网		微信公众号		凤凰资讯	
中国	151	乐天	1281	乐天	902
韩国	145	韩国	942	萨德	673
乐天	118	中国	885	韩国	574
萨德	106	萨德	775	中国	471
舆情	79	部署	326	部署	358
事件	78	美国	254	集团	231
部署	62	国家	238	系统	133
国家	48	抵制	231	报道	118
全国	44	集团	224	国防部	118
利益	38	系统	211	政府	101
政府	32	事件	169	韩元	92
企业	32	利益	152	民众	87
中方	30	超市	142	超市	84
媒体	30	安全	141	用地	82
问题	30	中国人	133	事件	76
人民	30	朝鲜	130	企业	75
集团	30	政府	126	免税店	73
安全	28	企业	124	反对	71
两会	27	导弹	122	日报	65
经济	26	反对	114	游客	64
消费者	26	日本	111	凤凰	63
系统	25	爱国	104	发射	61

续表

人民网		微信公众号		凤凰资讯	
抵制	24	问题	99	咨询	59
反对	22	民众	92	市场	58
游客	21	人民	83	美国	56
社会	21	市场	82	人士	54
政务	21	战略	80	安全	54
民众	21	关系	77	问题	54
部长	21	选择	77	影响	53
关系	20	搜狗	72	军方	52

三者在内容构建方面差异性也非常明显，体现在：人民网中的一些特殊词语如"全国""中方""媒体""两会""经济""消费者""社会""政务"等，从萨德系统重创韩国假期经济、中国消费者态度、两会问题关注、政务舆情应对、媒体报道、中国外交部发言人话语表述等方面进行了相关内容构建。微信公众号中的特殊词语包括"中国人""朝鲜""导弹""日本""爱国""战略""选择"等，对朝鲜半岛政治局面、作为一名中国人的爱国情感和态度及选择，对问题背后涉及的一些国家和国际关系进行了许多内容设置，表达了公众对该事件的情感和态度。凤凰资讯中的特殊词如"国防部""军方""用地""韩元""免税店""影响"等则反映出其对该事件涉及的相关细节和后续社会影响的关注。总体上看，人民网在话语内容上较为审慎和注重权威性，微信公众号话语内容辐射面较宽，表达较为多样，凤凰资讯围绕萨德相关细节设置议题较多。

(二) 国内网络突发事件词频分析

将含义相近的词语如昆山和昆山市、上海和上海市等进行归并，通过对3个国内网络突发事件三种不同渠道的文本高频词进行比较，可以发现在同一事件中不同媒介内容建构上的异同。

1. 江苏昆山爆炸事件

2014年8月2日，江苏昆山中荣金属制品公司发生特别重大铝粉尘爆炸事故，造成146人死亡，直接经济损失3.51亿元。由于未搜集到凤凰资讯相关文本，因此该事件只有人民网和微信公众号两种渠道文本来源。

表2-17 昆山爆炸事件文本高频词比较

人民网		微信公众号	
昆山	387	粉尘	1350
事故	279	爆炸	1311
安全	200	事故	1206
爆炸	166	昆山	926
江苏省	135	安全	910
粉尘	109	企业	465
开发区	100	除尘	427
机关	96	车间	418
经济	94	中荣金属	330
检察	92	系统	256
重大	82	有限公司	249
犯罪	82	重大	234
书记	80	开发区	208

续表

人民网		微信公众号	
昆山	387	粉尘	1350
主任	79	制品	206
有限公司	78	死亡	199
中荣金属	109	监管	193
局长	68	环境	179
环境	68	江苏省	168
人员	67	问题	164
制品	62	人员	161
监管	59	经济	160
涉嫌	58	中国	157
检察院	58	抛光	156
消防	57	受伤	152
依法	56	部门	152
调查	54	书记	142
政府	51	原因	139
部门	50	除尘器	139
公安	50	处分	138
问题	48	规定	137

从内容上看，微信公众号对该事件议程设置较多，人民网较少。从表2-17中可以看到：二者内容一致的高频词包括"江苏省""昆山""爆炸""事故""安全""重大""开发区""经济""监管""部门""书记""环境""制品""人员"等，都围绕江苏省昆山爆炸重大事故，生产环境和安全问题、经济损失、人员伤亡、政府监管、领导管理责任等进行内容设置。人民网与微信公众号在内容建构上的差异性体现在：人民网中的一些特殊词包括"机关""检察""犯罪"

"主任""局长""涉嫌""检察院""消防""依法""调查""政府""公安",重点围绕事故责任追究、政府相关部门处理等进行议程设置。微信公众号中的特殊词如"除尘""除尘器""车间""死亡""抛光""受伤""原因""处分""规定"等,围绕爆炸原因、影响和责任追究进行了议程设置。从高频词排序可以看出两种不同媒介内容上强调的重点不同:人民网排在前两位的高频词分别是"昆山"和"事故",对事件的所属地和定性较为关注;微信公众号排在前两位的是"粉尘""爆炸",反映出对事件本身发生原因和情况细节关注较多。该事件中,人民网主要围绕事件调查处理结果、领导责任追究进行内容构建,范围较窄;微信公众号内容设置范围较宽,围绕事故原因、事件调查追踪、知识科普、安全生产预防、责任追究等进行。

2. 上海踩踏事件

2014年12月31日晚23时35分许,上海市黄浦区外滩陈毅广场发生群众拥挤踩踏事件,致36人死亡,49人受伤。在该事件中,微信公众号议题设置最多,其次是人民网和凤凰资讯。从内容相关度上看,人民网和微信公众号文本相关度较高,凤凰资讯文本和事件本身相关度不高,后续类似事件关注和报道较多,尤其是对河南濮阳县一小学发生踩踏事故等进行了构建。

表2-18 上海踩踏事件文本词频比较

人民网		微信公众号		凤凰资讯	
上海	863	上海	1365	事故	653
外滩	585	外滩	1308	学生	354
事件	565	事故	1027	安全	257
事故	559	事件	535	学校	217

续表

人民网		微信公众号		凤凰资讯	
拥挤	251	医院	430	受伤	184
广场	226	现场	371	上海	183
黄浦区	225	黄浦区	367	厕所	182
人民	224	拥挤	360	濮阳县	175
陈毅	211	人群	277	小学	158
安全	181	广场	265	大象	114
死亡	159	人员	258	中国	114
调查	156	安全	241	死亡	102
政府	130	陈毅	240	第三	101
人员	130	死亡	232	教育	100
医院	129	受伤	227	实验	96
报道	126	政府	216	事件	95
群众	126	调查	208	部门	92
受伤	121	伤者	208	孩子	89
书记	107	跨年	194	游客	87
现场	103	灯光	186	医院	86
处置	94	人流	183	河南	83
伤员	93	伤员	182	黄浦区	78
中国	90	新年	155	咨询	77
善后	89	黄浦	153	濮阳	74
应急	88	群众	151	时间	74
处分	81	人民	150	报道	73
管理	79	书记	148	当地	72
原因	78	管理	141	校园	71
餐厅	76	家属	141	管理	71
工作组	76	事发	136	凤凰	71

从表2-18中可以看到，三者之间内容一致的高频词包括："上海""事件""事故""安全""死亡""受伤""医院""黄浦区""管理"等，三者都对事件发生的所属地、事件还是事故的责任定性、公共安全、死亡人员、受伤人员及医院救治情况、所在区域公共管理等内容进行了话题设置。此外，人民网和微信公众号前四位高频词内容相同，尤其前两位顺序完全一致，都对事件发生地给予强调和关切。面对同一事件，三者之间也存在较多差异性，体现在：人民网排在第三、第四位的高频词为"事件""事故"，微信公众号排在第三、第四位的高频词为"事故""事件"，两者排序正好相反，反映出对事件突发性意外的关注。《辞海》给事故下的定义是"意外的变故或灾祸"。伯克霍夫认为，事故是人（个人或集体）在为实现某种意图而进行的活动过程中，突然发生的、违反人的意志的、迫使活动暂时或永久停止、或迫使之前存续的状态发生暂时或永久性改变的事件。该事件经过调查，被认定是一起对群众性活动预防准备不足、现场管理不力、应对处置不当而引发的拥挤踩踏，并造成重大伤亡和严重后果的公共安全责任事件。凤凰资讯内容构建偏离上海踩踏事件较多，从排在前四位的词语看，"事故""学生""安全""学校"反映出对另外学校学生踩踏事件的关注和议程设置，属于该事件的后续延伸报道。人民网中的一些特殊词如"中国""善后""应急""处分""原因""餐厅""工作组"等反映出在该事件中对善后处置、应急管理、原因调查、责任追究等方面进行中国国家形象的构建与维护；微信公众号中的特殊词如"跨年""灯光""人流""新年""事发"，反映出对事发当时环境和背景的内容建构。

3. 山东问题疫苗事件

2016年3月，据食药监局网站消息，山东省济南市公安机关近日破获一起非法经营疫苗类产品案件，大量未经冷藏的疫苗类产品流入多个省份。对此，食品药品监管总局新闻发言人表示，食品药品监管总局对此事件高度关注，已经责成山东省食品药品监管局会同公安和卫生计生部门，立即查清疫苗等相关产品的来源和流向，第一时间向社会公开相关信息。案件公布后，由于和每个人的健康安全息息相关，引起了社会的高度关注，这起事件也是典型的公共卫生事件。三种媒介中，微信公众号内容聚集度最高，其次为人民网，最后是凤凰资讯。从表2-19中可以看到，三者总体在内容构建上有较强的一致性，体现在：一是从高频词聚集度排序上看，"疫苗"和"接种"成为三种媒体共同关注的核心议题。二是三者都对"非法""经营""药品""问题""预防""管理""卫生""免疫"等方面内容进行了议程设置。在内容构建上的差别体现在以下几方面：一是从排序上看，人民网和微信公众号排在第三位的高频词都是"问题"，突出强调了疫苗在管理、运输、经营、监管、危机应对等方面的问题；凤凰资讯排在第三位的是"山东"，强调问题发生源头和属地。人民网排在第四位的是"企业"，对问题疫苗涉事企业监管查处给予了关注，降低人们的健康安全方面的焦虑；微信公众号排在第四位的是"药品"，对药品的生产、流通、监管等进行了充分的内容构建；凤凰资讯则强调"非法"经营带来的社会危害。

表 2-19 山东问题疫苗事件文本词频比较

人民网		微信公众号		凤凰资讯	
疫苗	1941	疫苗	3705	疫苗	777
接种	582	接种	1056	接种	166
问题	293	问题	582	山东	114
企业	268	药品	455	非法	109
药品	261	经营	382	经营	108
经营	245	山东	375	预防	107
中心	237	非法	364	宫颈癌	103
事件	228	预防	354	药品	92
预防	223	事件	299	中心	80
部门	198	企业	272	问题	74
非法	173	人员	259	百白破	66
管理	156	中心	241	卫生	65
卫生	150	监管	238	病毒	63
社会	149	涉案	233	企业	62
监管	146	部门	230	国家	60
山东	142	食品	229	销售	57
安全	141	二类	226	生物	57
冷链	133	线索	213	免疫	56
生物	132	国家	199	采购	55
国家	128	免疫	186	食品	52
单位	126	单位	185	检验	52
反应	122	涉及	185	山东省	52
人员	122	冷链	182	庞红卫	51
媒体	121	使用	176	人员	46
调查	121	运输	169	使用	46
免疫	120	卫生	166	管理	42

续表

人民网		微信公众号		凤凰资讯	
疾病	114	疾病	164	检疫	41
二类	112	管理	163	集中	41
涉案	108	门诊	160	不合格	40
使用	105	反应	158	入境	38

二是从特殊词语来看，人民网中包括"社会""媒体""调查"，反映出从官方态度和处置、社会反响、媒体舆情等中观层面内容构建；微信公众号中的"线索""运输""门诊"等反映出在问题疫苗事件发生后，对涉事企业追查线索征集、发现，运输环节处置不当对疫苗效果的影响，注射疫苗后反应及门诊情况等给予了关切；凤凰资讯则对"宫颈癌""百白破"等具体病毒和疫苗，"销售""采购""检验""检疫""入境"等环节和流程及对不合格疫苗管理机制进行了议程设置。

二、文本语义价值分析

在对文本词频分析的基础上，为更直观把握三种媒介在突发事件中的社会主义核心价值观构建内容，对每一个事件的文本分别进行社会语义网络分析，在事件的关系中把握不同主体的价值诉求。

（一）国际网络突发事件语义价值分析

随着互联网技术的发展，世界越来越成为地球村，每一个角落发生的事件都会以我们想象不到的速度呈现在我们面前，在世界的舞台

<<< 第二章 网络突发事件中的社会主义核心价值观引导与构建研究

上如何应对和处理信息、表达观点，也是国家安全、话语体系构建和文化价值传播的重要内容。信息网络的快速发展，给谣言的传播打开了方便之门，也为触发突发事件和传播舆情提供了途径，从而给社会和谐稳定带来了挑战。网络突发事件的发生对网络安全产生重大影响，也给国家安全带来了重大影响。[①] 随着中国经济的快速发展、国际地位的提升，中国的涉外事件明显增多，如何加强对网络突发事件的分析与价值引导是新时期增强中国文化软实力的重要内容。

1. 马航失联事件

马航失联事件是一起至今原因没有定论的重大事故灾难，虽然已经过去了5年，至今仍然是个谜。

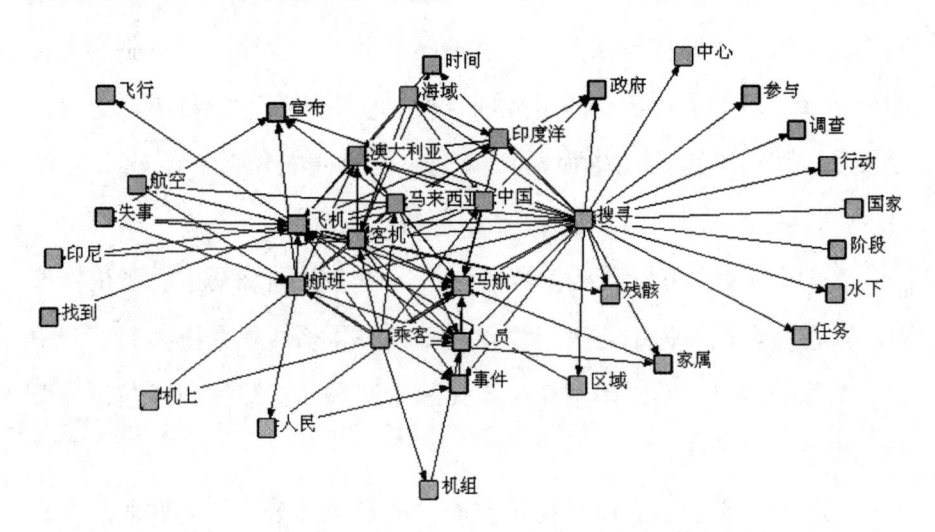

图2-1 马航失联事件——人民网社会语义网络分析

从图2-1中可以看到，人民网以搜寻为中心，辐射出政府、中心、参与、调查、国家、行动、阶段、水下、任务、区域、家属、残

---

① 谢晶仁. 网络突发事件对国家安全的影响［J］. 求索, 2015（12）.

59

骸、人员等一系列内容，充分反映事件进展、国家参与、任务行动、水下调查、政府和机构等多方面情况。与此同时，中国在马航失联后积极应对，与马来西亚、澳大利亚等国联合开展行动，在失联相关区域、印度洋等进行长时间搜寻，同时围绕马航航班、飞机、客机、乘客、人员等构建话语体系。

在基于客观事实信息跟踪和公开的基础上，人民网主要从"富强""和谐""文明""平等""法治""敬业""诚信""友善"等方面构建社会主义核心价值观。马航失联事件既是一次国际合作搜寻调查的活动过程，也是各国经济实力、科技力量、军事力量等方面的展现，人民网通过其他国家高科技船投入搜寻，中国派出的飞机、船只、技术团队等方面展现国家实力、维护国家形象，构建了"富强""文明"的价值观。通过长时间坚持调查搜寻、不放弃一线希望、全力以赴投入、切实维护人民生命财产安全、国家间友谊等，构建了"敬业""平等""诚信""友善""法治"等价值观。

在图2-2中可以看到：微信公众号中主要围绕马航、飞机、搜寻、残骸、客机等为中心进行议题设置，对马来西亚、澳大利亚、中国、美国等搜寻行动，印度洋海域失踪与调查，追踪找到残骸，失事地点等给予了关注。

在社会主义核心价值观构建方面，主要从"公正""敬业""友善""文明""和谐""诚信""法治"等方面进行了构建。围绕马航失联事件，微信公众号以寻求客观真相和搜索结果，探索失联飞行路线、动机、原因之谜等，集中表达了对"公正"价值理念的诉求，同时希望各国政府以负责任的态度进行相关应对和善后等工作，表达"敬业"的价值理念。通过不放弃希望、亲人的等待、乘客名单等方

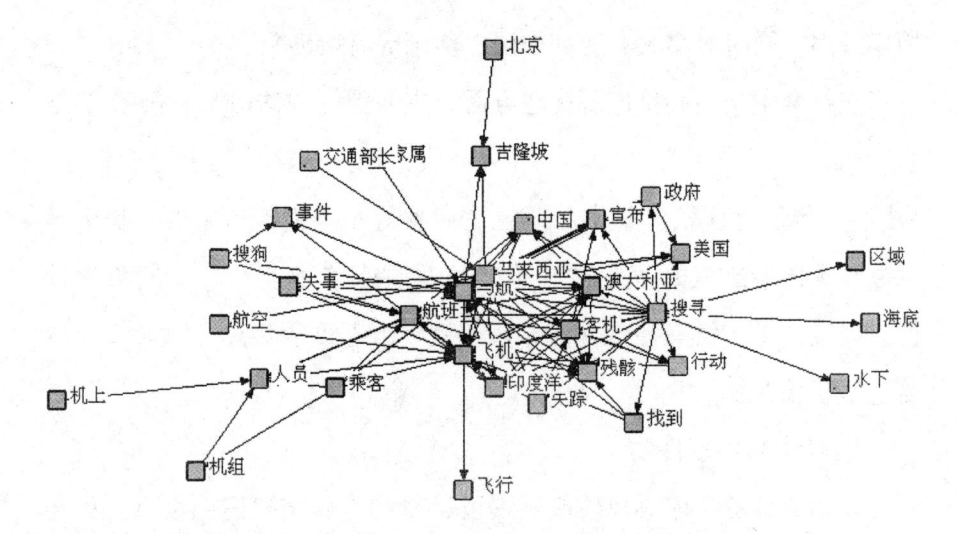

<<< 第二章 网络突发事件中的社会主义核心价值观引导与构建研究

图 2-2 马航失联事件——微信公众号社会语义网络分析

面表达人文关怀和"友善"的价值观。

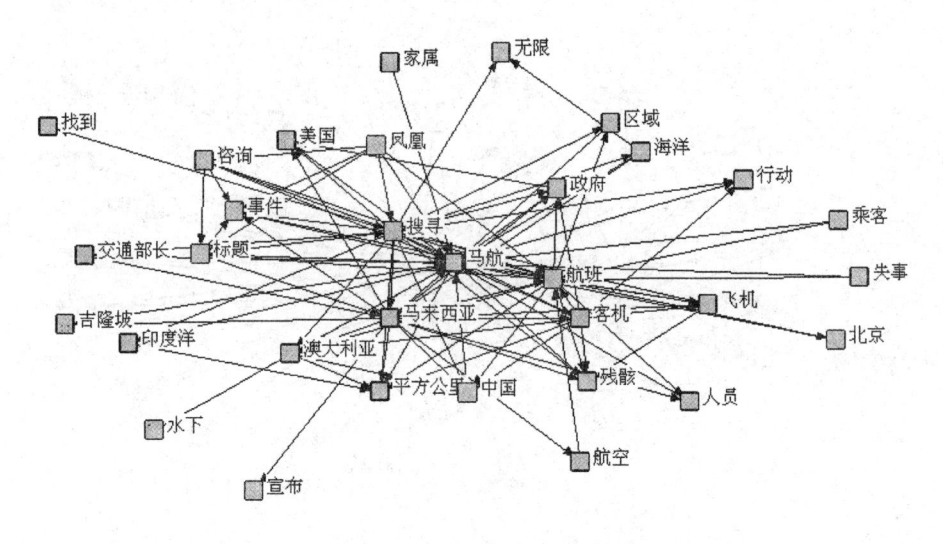

图 2-3 马航失联事件——凤凰资讯社会语义网络分析

从图 2-3 中可以看到,以马航、搜寻、航班、客机、马来西亚等为核心向外发散,其中对马来西亚政府行为尤其是重启搜寻工作内容构建最多,同时对澳大利亚和中国、美国等有所涉猎。

在社会主义核心价值观构建方面,主要围绕"法治""公正""敬业""诚信""友善""和谐"等方面表达观点态度。其中对"敬业""法治"价值诉求较为集中。通过重启搜寻、全力搜救乘客、扩大搜索范围等内容构建,表达对相关国家及政府"敬业"负责的价值期待。通过失联赔偿审理、庭前会议、被告方态度等传达"法治""诚信"等价值观。

2. 勒索病毒事件

勒索病毒的全球大规模蔓延爆发,将网络安全提高到很重要的地位,引起各国政府、机构、企业和人们的普遍关注。勒索病毒事件是一起典型的社会安全事件。

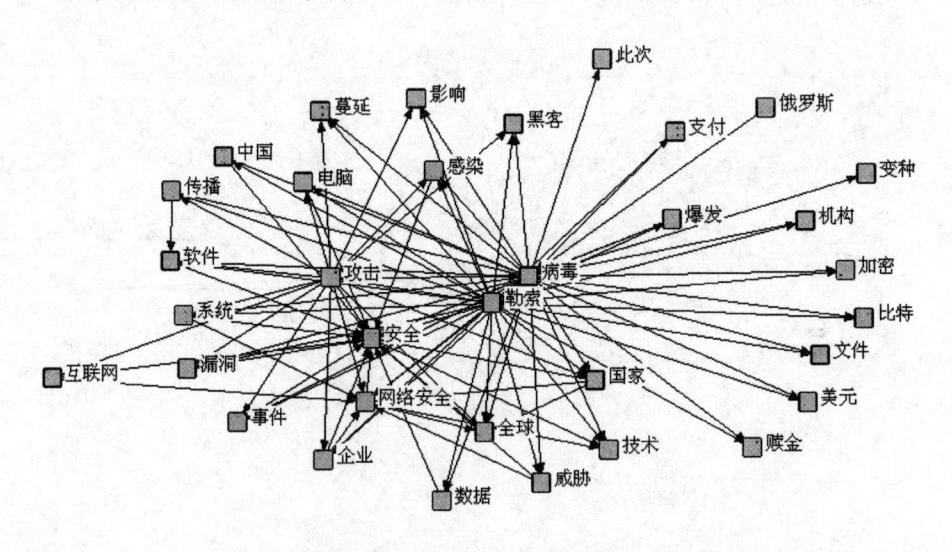

图2-4 勒索病毒事件——人民网社会语义网络分析

人民网在该事件中以勒索病毒、安全、攻击、网络安全、全球、国家等为核心进行相关内容辐射建构。习近平总书记强调"没有网络安全就没有国家安全",把网络安全上升到前所未有的国家战略高度。

在社会主义核心价值观构建方面,人民网从"富强""和谐""文明""法治""敬业""公正""诚信""友善"等方面塑造价值观。其中对"和谐""富强""法治""敬业"价值观构建较为集中。通过勒索病毒事件,网络安全被提到前所未有的高度,网络威胁对社会政治、经济秩序产生巨大的危害。人民网通过对内网、系统、企业等网络安全影响、蔓延情况等内容,着重强调和构建了"和谐"价值理念,表达了信息时代网络安全对国家、社会和人民正常生活秩序的重要意义。同时通过国家防御能力、主权安全挑战、核心技术攻坚战略、技术应对等方面构建"富强"价值理念。通过未雨绸缪、监管预警机制、反制措施、安全意识等话语构建"敬业"负责的价值理念,认为网络安全没有一劳永逸,要以对人民财产安全负责的敬业精神加强防御。

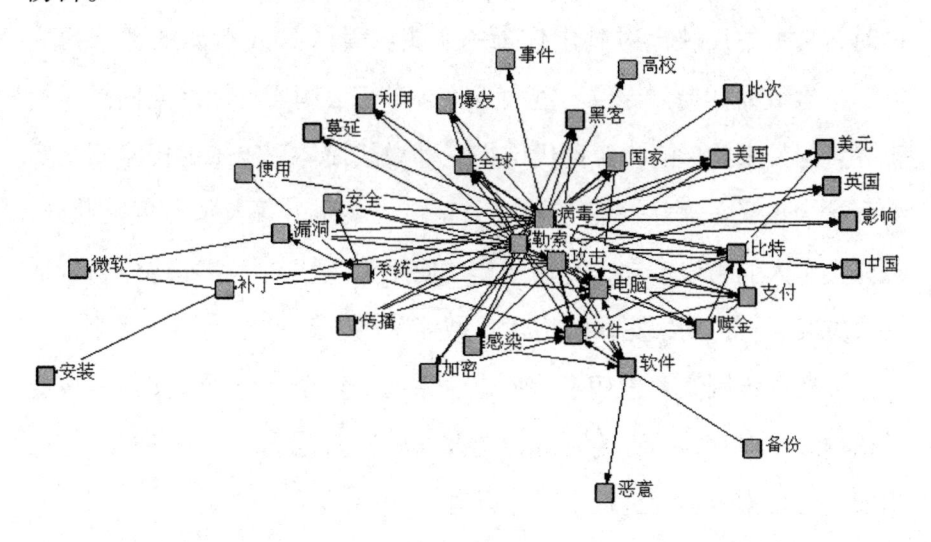

图2-5　勒索病毒事件——微信公众号社会语义网络分析

从图2-5中可以看到，微信公众号围绕勒索病毒、攻击、电脑、文件、感染、赎金、支付、国家、系统等为核心设置内容。正如德国媒体所言，"攻击显示数字化社会的脆弱"，网络中用"网络暴力""核危机""科技恐袭"等词来形容和评价此次勒索病毒蔓延带来的影响和后果。

从社会主义核心价值观构建内容上看，微信公众号对"和谐""文明""富强""法治""公正""诚信""友善""平等"等进行了价值构建。在"和谐"价值观方面，主要从存在问题如内网脆弱、安全意识缺乏，攻击程序对国家、企业机构和个人安全的威胁与破坏等方面表达对信息时代的不安和焦虑，勒索病毒蔓延对人们的生产生活秩序造成了严重破坏，人们迫切希望在互联网世界中能实现和谐有序。通过对增强安全预警、做好安全应对和预防、软件升级补丁、实行备份操作、加强安全监管等方面表达对"敬业"价值理念的期待。同时，文本中反映出对勒索病毒的源头：美国NSA泄漏的"永恒之蓝"黑客武器传播而导致的重大后果，对于美国实行网络空间战略给世界各国带来的影响，对现代网络正邪激战而体现出来的国家安全实力和社会正义等表达"富强""公正""文明"等价值态度。此外，提过提示人们被盗工具、警惕敲诈、使用正版软件、相互协作与传播解决方案、打击网络犯罪等构建"诚信""友善""法治"价值观。

凤凰资讯围绕勒索病毒、攻击、系统、安全、企业、文件等设置话语内容，对勒索病毒蔓延的情况及影响、防范应对、责任追究、网络安全、技术分析等进行了跟踪报道。

在社会主义核心价值观话语构建方面，重点强调了"和谐""敬业""公正""富强""友善"等价值理念。首先，对勒索病毒爆发和

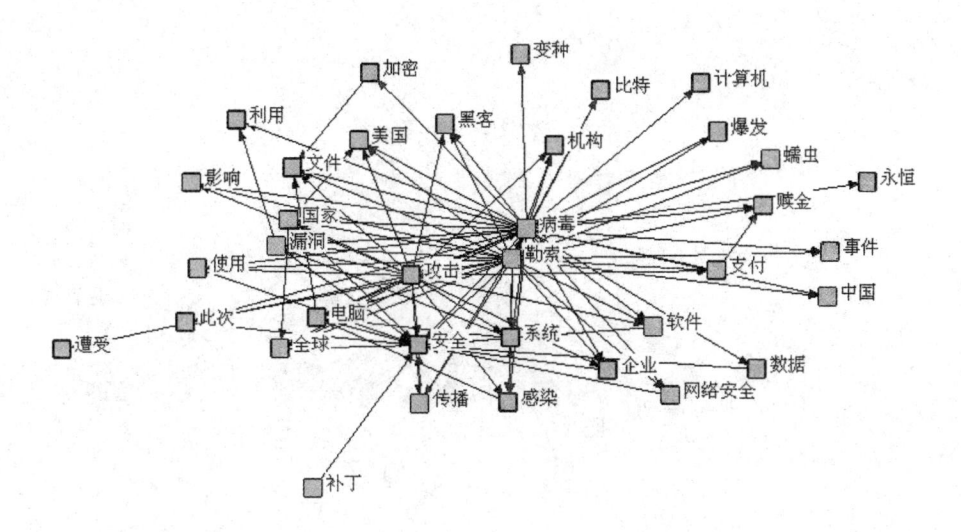

图 2-6 勒索病毒事件——凤凰资讯社会语义网络分析

蔓延给世界各国带来的网络安全影响、威胁与挑战进行了较多议程设置，同时，通过表达勒索病毒尚难引发网络战争、在中国不会大规模蔓延等正向内容，建构人们对网络安全的信心，表达对"和谐"价值理念的构建。在"敬业"价值观构建上，围绕防范应对、加强政府主导、企业和机构及个人参与共治共享等内容进行。同时，对谁是病毒背后主谋、微软炮轰NSA、美国指责朝鲜等方面构建对国际问题中的"公正""富强"等价值观。

3. 萨德事件

萨德事件是一起社会安全事件，主要涉及主权国家战略安全和利益问题。

从图2-7中可以看到，人民网在该事件中话题内容较少，主要围绕萨德、乐天、中国、韩国、部署、利益、安全、抵制等为核心设置话语内容，对韩国政府和乐天企业行为，中国从国家安全和主权利益等方面表达了反对的立场和态度，中国和韩国民众也表达了对该事件

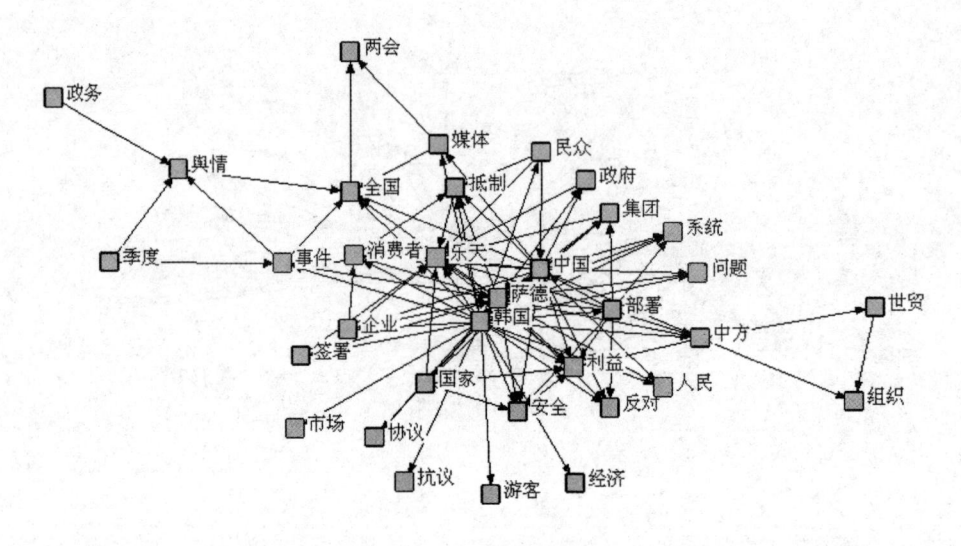

图 2-7 萨德事件——人民网社会语义网络分析

的强烈抵制。

　　社会主义核心价值观构建方面，主要围绕"和谐""公正""富强""爱国""法治""友善"等方面进行。韩国军方与乐天集团签订用地协议用于部署萨德就像一块巨石投入湖中，引起了中国、韩国乃至世界的广泛关注。人民网首先强调了部署萨德对中国国家利益和安全的严重危害，对韩国行为表达了强烈不满并敦促停止行动，强调遵循以世界贸易组织为核心、以规则为基础、建立公平开放的多边贸易体系，否则萨德不仅不能保护韩国，还可能为韩国带来经济利益、和平安全局势等方面的严重影响，表达对国际秩序与规则"公正""和谐""富强""法治"等的价值构建。同时，通过中国民众对事件的抵制和反对、韩国民众和团体的抗议与怨气等塑造"爱国""友善"等价值理念，强调人民群众在涉及国家根本利益问题上的选择和态度。

　　微信公众号在该事件中内容设置较多，主要围绕乐天、萨德、韩

>>> 第二章 网络突发事件中的社会主义核心价值观引导与构建研究

国、中国、系统、部署、利益、反对等设置话题。集中对中国民众对事件的反应和行为，萨德部署原因追问，背后各种力量的交错与利益牵扯等进行构建。

从图2-8中可以看到，在社会主义核心价值观方面，主要围绕"爱国""敬业""公正""和谐""富强""文明""法治""民主""友善"等进行构建。在中国民众抵制乐天自发行为、乐天经营在中国遇到的问题和经济损失、商品下架等方面表达中国人对韩国政府和企业行为的愤慨，表达"爱国"价值情感。

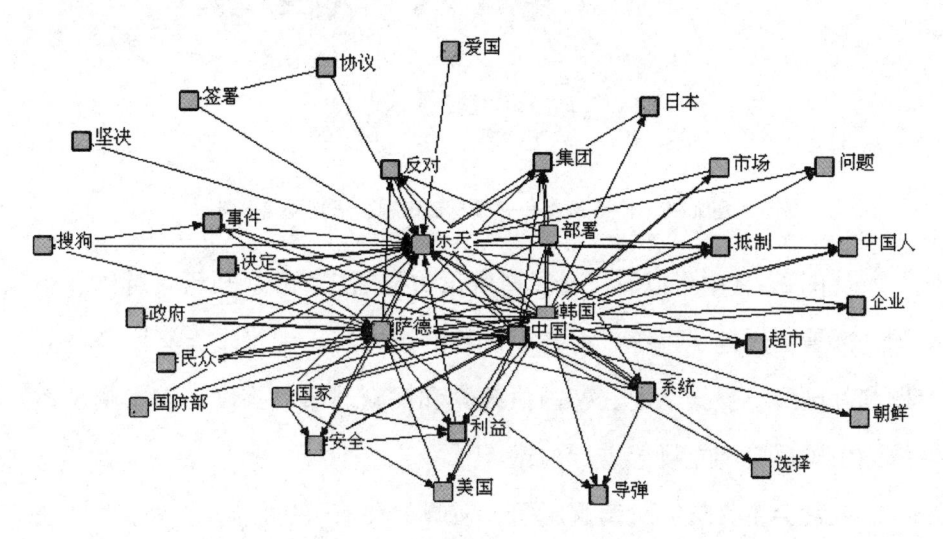

图2-8 萨德事件——微信公众号社会语义网络分析

同时，通过依法抵制、依法有序行动及向韩国乐天集体维权等方式表达理性爱国和"法治""文明"等价值观。萨德事件严重损害了中国利益和国家安全，破坏中国的稳定，激化国际矛盾，迫切需要建立"和谐""公正"的国际秩序。中国面对外部压力，坚守中国利益，以国家"富强"作为根本价值引领，以实际行动让韩国意识到萨德部署行为是损人不利己的行为,通过普通群众以守护国家利益人人有责的自觉"敬业"精神反对和抵制韩国行动。

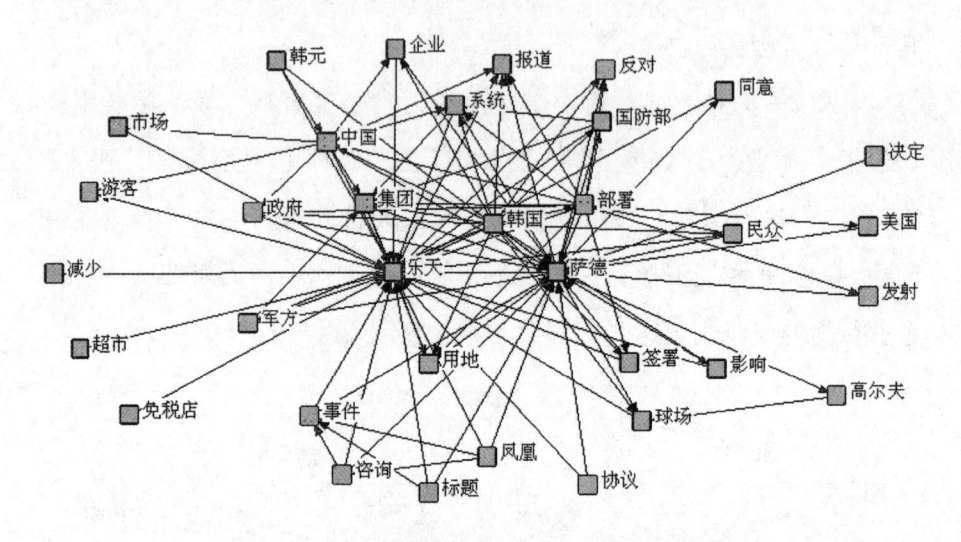

图 2-9 萨德事件——凤凰资讯社会语义网络分析

从图 2-9 中可以看出,凤凰资讯主要围绕萨德、乐天、韩国、中国、部署、用地、系统、签署等设置话语内容。围绕乐天集团经济问题和韩国经济受损情况、韩国执政党和民众对事件态度、美国测试系统、中国反应和立场等进行构建。

在社会主义核心价值观层面,强调"和谐""富强""公正""法治""平等"价值观。通过报道萨德对中国国家安全的威胁和对韩国自身的威胁与影响,韩国民众和团体与警方冲突,韩国推迟追加萨德系统等建构国际国内"和谐"价值观。对"富强"价值观,围绕俄罗斯对美反遏制实力、韩国经济受损、中国下架乐天产品等方面表达经济和科技等实力构建的价值意义。在国际上,通过彻查萨德部署内幕、中国抵制和反对等表达一国安全不应建立在损害别国安全的基础上的

<<< 第二章 网络突发事件中的社会主义核心价值观引导与构建研究

"公正"价值观。

(二) 国内网络突发事件语义价值分析

1. 江苏昆山爆炸事件

该事件是一起特大生产爆炸事故,主要与人为因素相关。由于未采集到凤凰资讯相关文本,因此只对人民网和微信公众号两种渠道文本进行社会语义网络分析。根据国务院江苏省苏州昆山市中荣金属制品有限公司"8·2"特别重大爆炸事故调查组出具事故调查报告,认定该事故是一起生产安全责任事故。

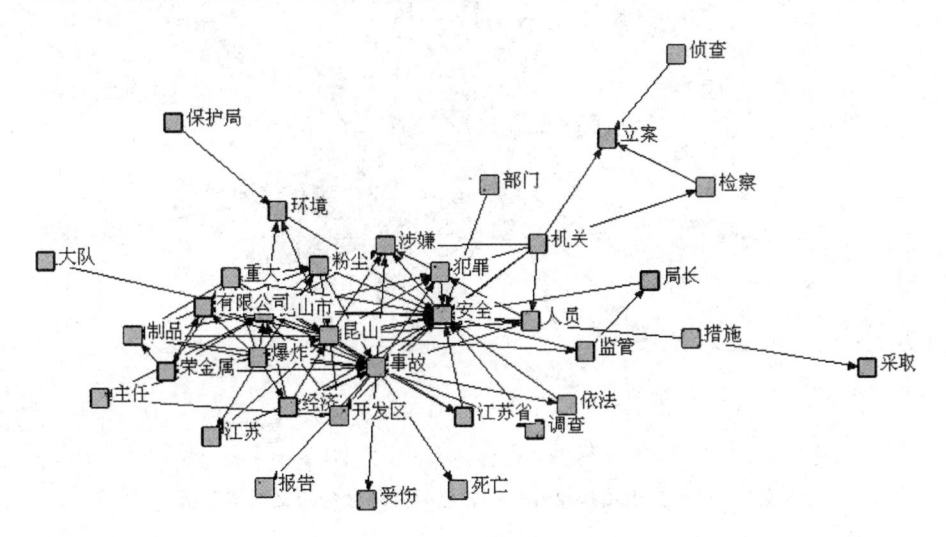

图 2-10 昆山爆炸事件——人民网社会语义网络分析

人民网主要从昆山、爆炸、事故、安全、粉尘、犯罪等为核心进行相关内容建构。集中对事件发生后官方的责任追究、原因调查、法律监督、后续影响等进行话题设置。

社会主义核心价值观方面,强调了"和谐""文明""法治""公正""敬业"等价值观。"8·2"昆山爆炸事故造成百余人伤亡,经济损失3.51亿元人民币，对生产生活秩序造成了重大破坏。人民网通过报道权威部门调查结果、组织查办案件、责任追究、安全提示等塑造"和谐""敬业""法治"等价值理念，缓解人们的心理焦虑，依法治国，加强责任追究和机制完善，提高社会治理水平。同时，也通过追踪爆炸事故给昆山市带来的后续影响，尤其是片面否定昆山改革发展的全部成绩的看法给予了纠偏，对县级市行政架构及发展过程中遇到的治理压力和以往社会治理方面的经验进行了客观反映，构建"公正""文明"的价值观。

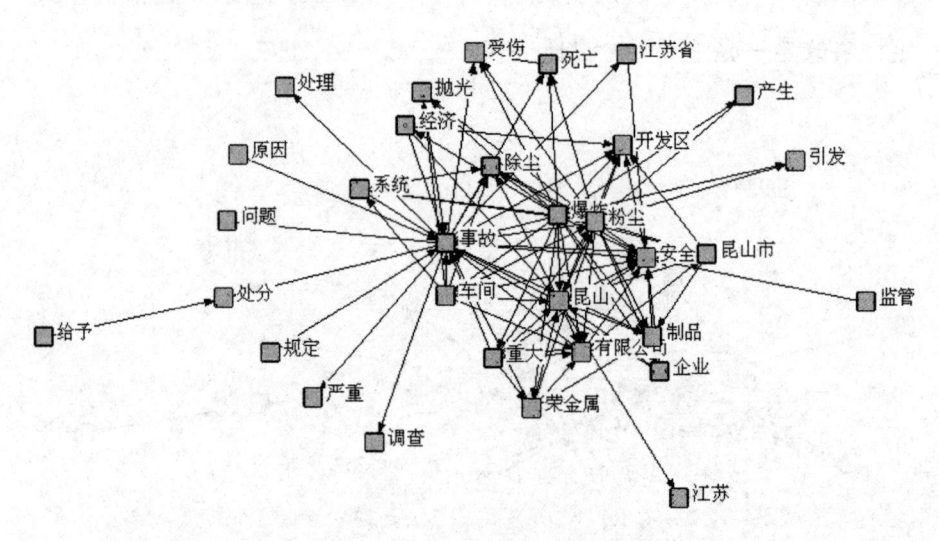

图 2-11　昆山爆炸事件——微信公众号社会语义网络分析

从图2-11中可以看到，微信公众号以昆山、安全、事故、粉尘、爆炸、除尘等为中心建构内容体系。主要围绕事故调查处理、责任追究、安全警示教育、知识科普、监督管理、技术革新、防爆治理等方面组织话题。

在社会主义核心价值观方面，对"和谐""文明""法治""公正""敬业""友善"等进行了构建。从安全警示教育、原因追问、人民生命财产安全、排查隐患等方面强调"和谐"的重要意义,以安全重于泰山的态度面对事件。通过对国务院处理意见、责任人追究、加强监管、事故调查、企业重视等方面表达"敬业"的价值诉求。通过案件审理、追踪生产设计建造、保险理赔、基层执法力量等方面构建"法治"价值观。通过权威调查、科普知识、客观还原等表达"公正"的价值诉求。通过受伤慰问、技术革新等表达"友善""文明"的价值理念。

2. 上海踩踏事件

2014年12月31日晚23时35分许,上海市黄浦区外滩陈毅广场发生群众拥挤踩踏事故。2015年1月21日,上海公布"12·31"外滩拥挤踩踏事件的调查报告,认定这是一起对群众性活动预防准备不足、现场管理不力、应对处置不当而引发的拥挤踩踏并造成重大伤亡和严重后果的公共安全责任事件。黄浦区政府和相关部门对这起事件负有不可推卸的责任。

从图2-12中可以看到,人民网以上海市、黄浦区、外滩、事故、事件、拥挤、处置等为核心构建内容,注重细节描述和城市国家形象的维护。视角上既有宏观行政问责、领导批示、部署善后、成立工作组、事件调查、应急预案等;也包括中观上安全风险评估、原因分析、人员伤亡情况、警方调查、后续影响、事件追问等;同时还包括一些细节关注,如当事人细节回忆、公布善后电话、技术应急信息发布系统等,力求全面、客观把握事件。

在社会主义核心价值观方面,主要围绕"和谐""文明""法治""敬业""公正""友善"等进行构建。作为一起公共安全责任事件,

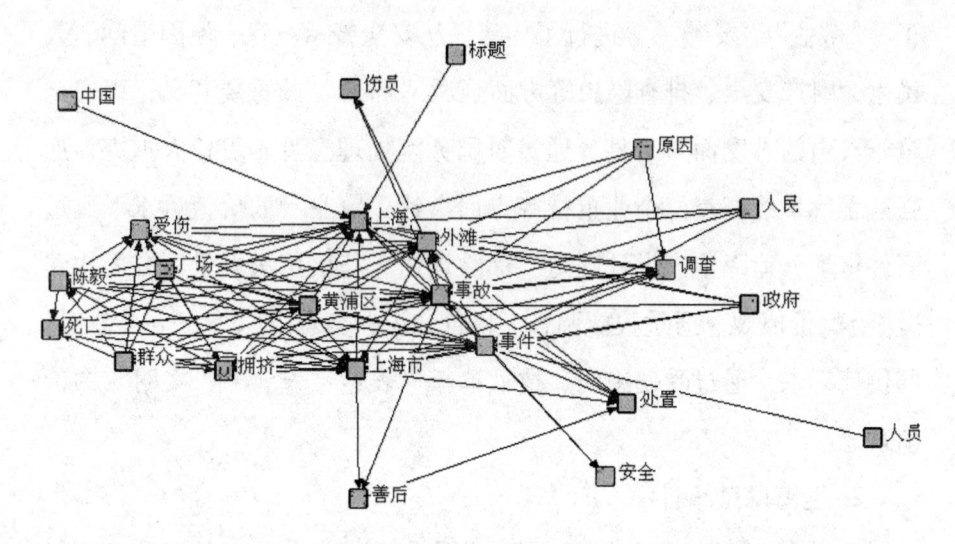

图 2-12　上海踩踏事件——人民网社会语义网络分析

人民网强调要将人民生命财产安全放在第一位，通过人群安全问题、隐患排查、进展跟踪、救治与善后等内容，消除人们因信息不对称造成不安，构建"和谐"价值观。通过行政问责、全力救治、完善应急预案管理、应急值守、依法查处、调查实情等构建"敬业""法治"的价值理念。通过解疑的方式报道相关工作组设立、相关法律法规条款、专家权威调查、公布遇难者名单、看望伤员、发放抚慰金、祈福活动等构建"公正""友善""文明"等价值观。

从图 2-13 中可以看到，微信公众号以上海、外滩、陈毅、广场、拥挤、事故、事件等为核心，对事件进行了跟踪报道、调查结果公布、责任处理追究、现场亲历者回忆过程、相互帮助行为、如何进行自救和救人等细节进行了内容构建。微信公众号较为重视现场情境还原，对事件相关细节表达较多。

在社会主义核心价值观方面，围绕"和谐""敬业""公正""法治""友善""文明""富强"等进行了构建。通过对如何在人群密集

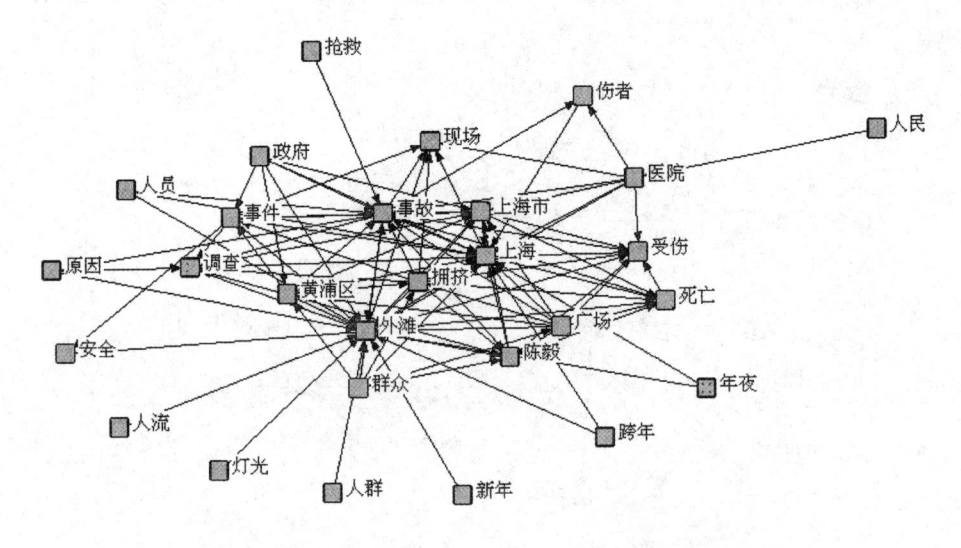

<<< 第二章 网络突发事件中的社会主义核心价值观引导与构建研究

图 2-13 上海踩踏事件——微信公众号社会语义网络分析

的公共场所实施安全自救和救人，增强安全意识、转变行为习惯，事件追踪警示等方面构建"和谐""文明"的价值理念。这起重大安全责任事件，通过应对处置和追责，加强公共安全应急预案、风险评估、责任落实等方面工作构建"敬业""法治"价值观。通过事件进展信息及时发布，阻止失实谣言的传播，同时严肃事件调查，通过疑问解析等方式将客观真相呈现于公众面前，塑造"公正"价值理念。此外，通过人群踩踏过程中的相互帮助、为亡者哀悼、为伤者祈福、公布遇难者名单、社工团队心理安抚等方面构建"友善"价值观。

从图 2-14 中可以看出，凤凰资讯在内容上与上海踩踏事件本身偏离较多，对后续类似踩踏事件设置议题较多，以事故、学生、濮阳县、受伤、学校、死亡等为核心进行内容发散。国内事件关注了河南濮阳县小学生踩踏事件，国外踩踏事件视角较宽，如南非、安哥拉、摩洛哥、意大利、泰国、印度等都有所涉猎。

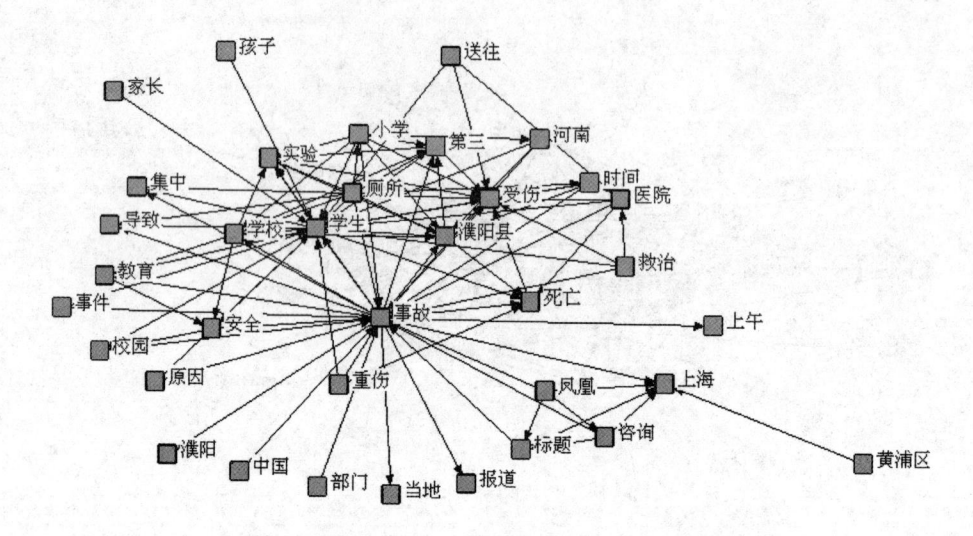

图2-14 上海踩踏事件——凤凰资讯社会语义网络分析

在社会主义核心价值观方面，主要从"和谐""敬业""公正""平等""友善"等进行价值构建。

3. 山东问题疫苗事件

山东问题疫苗事件是一起典型的公共卫生事件，此次疫苗安全事件由于涉及面广，引发社会高度关注。"问题疫苗"事件在舆论场中引发较大的恐慌情绪。

从图2-15中可以看到，人民网围绕疫苗、接种、问题、药品、经营等设置内容，从疫苗本身安全性和质量、疫苗流通、预防接种、疫苗监管体系、非法疫苗查处、疫苗科普等方面进行了宣传报道，目的是人们消除安全焦虑，重建社会信任。

社会主义核心价值观方面，从"和谐""文明""公正""法治""平等""敬业""诚信""友善"等进行了构建。在"和谐"价值观层面，主要从问题疫苗信息追踪与监管、疫苗安全性和产品质量、预

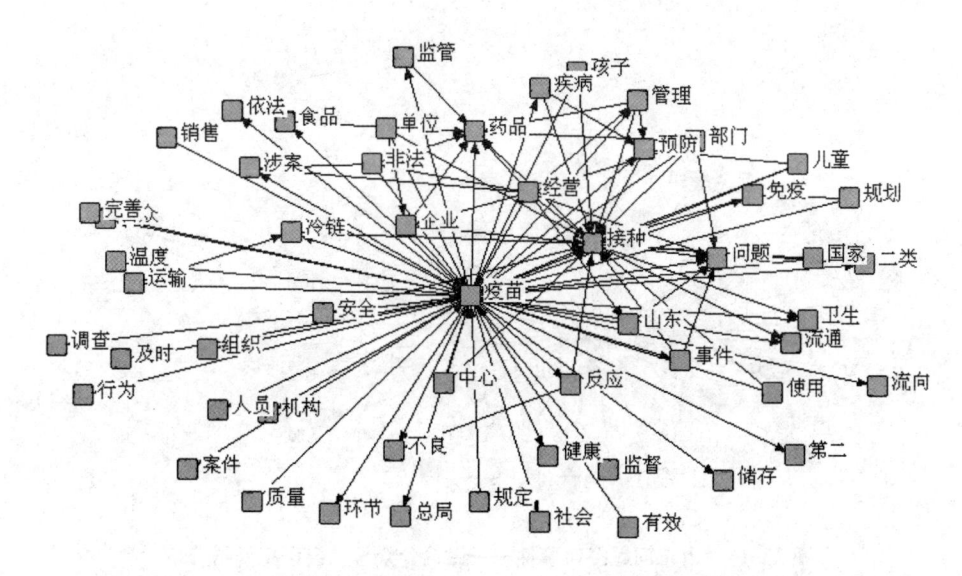

图 2-15 山东问题疫苗事件——人民网社会语义网络分析

防接种安全、流通供应安全及疫苗客观效果等方面帮助人们克服恐慌情绪，提高对疫苗的全面认识。通过领导批示、修改完善条例、职能部门回应质疑、非法经营查处等内容构建"敬业""法治"价值理念。通过廓清事实真相、健全市场准入、药品公开透明、规范化接种等构建"公正""平等"价值态度。此外，还对疫苗生产、流通、供应和接种等环节表达"诚信"价值观。

从图 2-16 中可以看出，微信公众号围绕疫苗、药品、接种等进行内容辐射，主要从三方面进行话语构建：一是监管责任问题，二是问题疫苗涉案查处，三是对群众恐慌心理安抚及信息公开等。

在社会主义核心价值观方面，集中构建了"和谐""公正""法治""敬业""诚信""友善"等价值观。通过疫苗生产、流通、接种各环节责任与监管，企业质量管理、各地对问题疫苗流向排查、完善制度体系等表达对职能部门和企业及人员"敬业"的价值诉求。通过

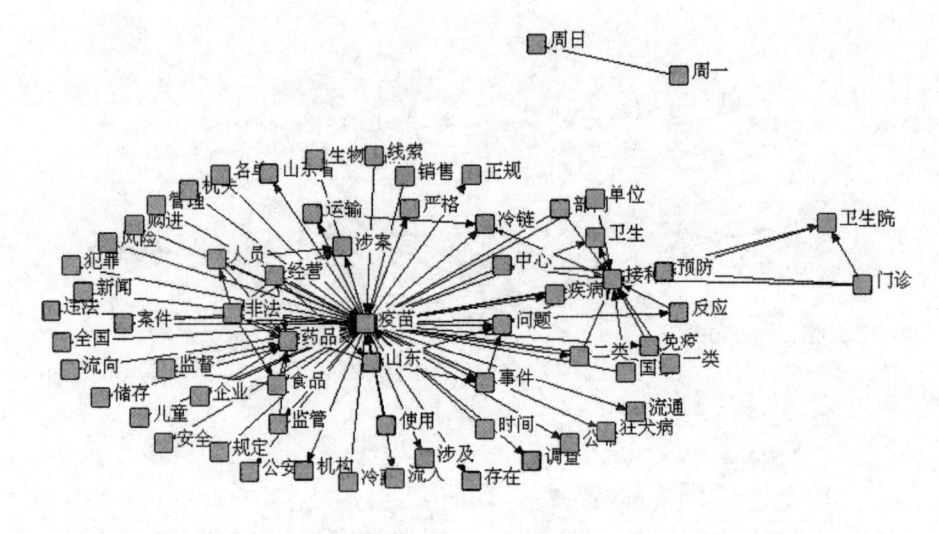

图 2-16　山东问题疫苗事件——微信公众号社会语义网络分析

追查涉案人员、查处非法经营、渎职行为、打击造假行为等表达"法治""诚信"的价值诉求。山东问题疫苗事件随着发酵，引起了人们对生命安全健康的恐慌，微信公众号通过对疫苗相关知识科普如药品安全、疫苗门类划分、无效免疫、疫苗认识误区等，减缓人们的不安和焦虑；同时，通过问题疫苗信息公开、新闻发布会、买卖人员名单、流向线索等内容构建，塑造"和谐""公正"的价值观，避免人们将疫苗妖魔化而影响个人健康与安全。

从图 2-17 可以看出，凤凰资讯以疫苗为核心，围绕接种、预防、宫颈癌、百白破等内容进行议题设置，主要是对山东问题疫苗后续影响、违法人员宣判批捕、企业经营、完善监管制度、打击非法入境疫苗等进行了内容构建，对一些专用疫苗如宫颈癌疫苗、百白破疫苗话题较为集中。

社会主义核心价值观构建主要围绕"法治""敬业""和谐""公正""友善"等进行。通过对涉案人员宣判获刑、非法经营、销毁非

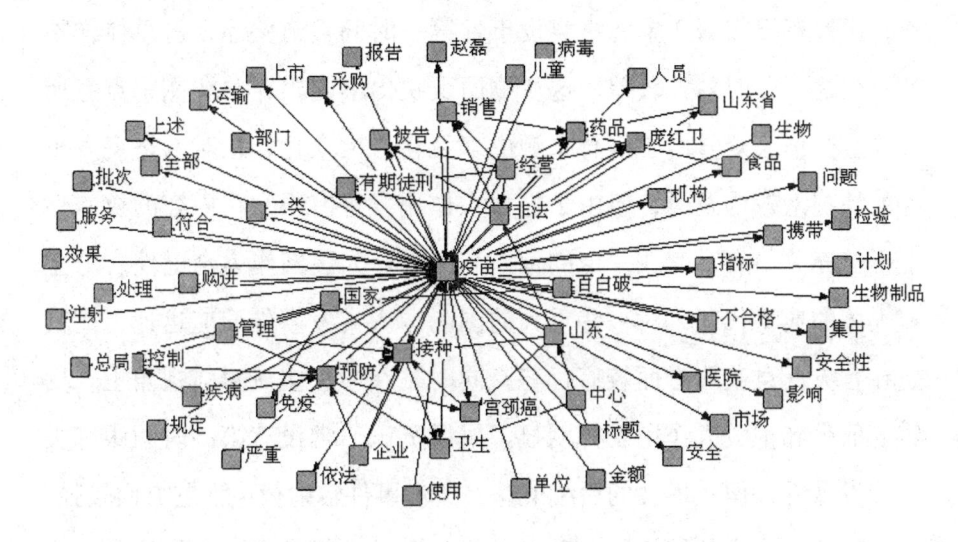

图 2-17 山东问题疫苗事件——凤凰资讯社会语义网络分析

法入境疫苗、封存问题疫苗等表达"法治"价值诉求。通过信息公开、问题解答、加强监管、集中采购、加强冷链管理等构建"敬业""公正""和谐"等价值理念。

三、总结

通过上述内容分析可以反映出，社会主义核心价值观弘扬与构建方面呈现出以下几方面特点：

（一）不同媒介在信息关注的及时性上差异明显

在 6 个网络突发事件中，人民网、微信公众号、凤凰资讯对事件反应的时效性各不相同。其中微信公众号对 4 个网络突发事件第一时间给予关注，占总体样本的三分之二，时效性较强，反应迅速；人民网对 3 个网络突发事件第一时间报道，占总体的 50%，反应较为迅速；凤凰资讯仅对2个网络突发事件第一时间报道关注，占总体样本的三分之一，时效性较差。这从侧面反映出不同媒介关注侧重点有所不同，微信公众号由于信息来源的多元化、大众化，在对网络突发事件的捕捉上较为及时，但由于把关人作用发挥有限，在内容的权威性上不够充分，有时存在一定的偏差和失误。人民网作为全国性官方主流媒体的典型代表，对一些重大的国际国内突发事件反应迅速，尤其是在官方信息获取方面较有优势，同时站在中央主流媒体视角上，内容的取舍和把关人作用发挥明显。凤凰资讯通常没有第一时间跟踪关注突发事件，但在事件的后续追踪、类似事件辐射衍生话题方面较强。

从关注内容的持续性上看，微信公众号由于公众平台的聚集效应明显，有4个热点事件持续关注时间最长，人民网和凤凰资讯各有1个事件关注时间最长。

（二）信息来源反映话语构建策略的不同倾向

通过对1063份文本的数据来源进行统计归类分析，可以发现不同媒体数据来源有较大差别，这一定程度上也反映出传播主体话语内容与构建策略的差别。

人民网较为注重话语内容的权威性，文本来源选择较为慎重，主要来自传统主流媒体和网络主流媒体和政府网站。其中网络媒体已成为传播的主渠道，传统媒体比重有所下降，政府网站和手机移动新媒体等也有所体现。人民网在网络突发事件中内容加工能力较强，自采内容占比20%以上。总体看，人民网文本来源受限于准确性需要范围相对较窄，主要来自官方主流媒体。

凤凰资讯文本来源渠道较人民网有所拓展，既有传统官方主流媒体，也有主流网络媒体、移动新媒体，包括有个人、政府管理机构、内参等。在不同的事件中，凤凰资讯来源主要渠道也会相应变化。凤凰资讯在内容选择上注重权威性与多视角的综合。

微信公众号文本来源是三种媒介中最广泛的，既包括传统媒体公众号、网络媒体公众号，也包括政务公众号、企业事业单位公众号，还有个人或论坛公众号等。总之，微信公众号成为新时期各种信息和公众意见态度的汇聚平台。在话语策略上综合性较强，将权威性、综合性、互动性、参与性有机融合。

(三) 社会主义核心价值观引导构建模式与特点

习近平总书记指出，当今世界正面临百年未有之大变局。对广大新兴市场国家和发展中国家而言，这个世界既充满机遇，也存在挑战。对于世界形势习近平总书记提出三个判断：一是未来10年，将是世界经济新旧动能转换的关键10年；二是未来10年，将是国际格局和力量对比加速演变的10年；三是未来10年，将是全球治理体系深刻重塑的10年。世界多极化、经济全球化在曲折中前行，地缘政治热点此起彼伏，恐怖主义、武装冲突的阴霾挥之不去。单边主义、保护主义愈演愈烈，多边主义和多边贸易体制受到严重冲击。[1] 从我国国内社会来看，随着改革开放的持续深入推进，要实现新动能和发展，社会面临转型带来的压力和挑战。国际和国内网络突发事件是现实中国家之间、民族之间、社会之间各种矛盾利益冲突交织在网络上的体现。

---

[1] 习近平. 顺应时代潮流实现共同发展——在金砖国家工商论坛上的讲话 [EB/OL]. 人民网，2018－07－25.

突发事件往往会对现实社会秩序和人们心理观念造成巨大破坏,但同时也是一次价值重构与认同的重要契机。诺曼·R.奥古斯丁在《危机管理》中指出"每一次危机既包含了导致失败的根源,又孕育着成功的种子"。[①] 社会主义核心价值观在网络突发事件中的引导与构建呈现危机并存的特点:

1. 价值认知上的求真性趋同与多元认知并存

通过对6个国际国内网络突发事件的分析可以看到,寻求事实客观真相是缓解心理焦虑、进行价值建构的基础,也是公众对事件较为一致的期待表达。遇到重大突发事件,政府部门只要按程序及时发布权威信息,讲清事实真相、政策措施以及处置结果等,民众就会逐渐从质疑到理解,再到认可。同时,在网络突发事件中,由于信息不对称和个体认知能力的差异,每个人对事件的了解和认知程度差异较大,如果不能及时消除因认知而带来的隔阂,就很难进一步建立起对事物的理解与沟通,从而会产生多元消极评价。

2. 价值观理解与构建上的多层次性特点突出

综合6个网络热点事件中的高频词语,有一些词语成为热点词汇,如"安全"一词在83%的热点事件中都有所体现,反映出社会转型、外部环境变化剧烈的时代特点。变革的要求使国家、社会及个人都面临一系列调整和变化,人们的不安与寻求安全并存。因此,"安全"一词在价值观念上也体现出多层次性,既涉及国家安全、企业生产安全、社会安全,也涉及个体层面的安全健康;既体现在现实物理世界中的安全,也体现在网络空间上的安全等。由此,内容上的多层次性

[①] 诺曼奥·R.古斯丁. 危机管理 [M]. 北京:中国人民大学出版社,2001.

也带来价值理解与构建上的多层次性。其中，"和谐""法治""敬业""公正"等成为事件中的核心价值诉求。社会主义核心价值观在网络突发事件中都体现出一种构建的多维性。如"和谐"价值观不仅体现在国家层面，还体现在社会和个人层面价值构建。"敬业"也不仅仅停留在对个体兢兢业业、忠于职守的价值弘扬，还体现在社会层面对政府敢于直面问题、认真负责应对危机的态度，宏观上还体现在国际事务中国家负责人立场与态度等。

3. 价值观构建话语模式交互融合趋势明显

在社会主义核心价值观引导与构建中，通过对三种不同媒体话语模式比较，可以发现它们之间相互借鉴、多元融合趋势明显。如三种不同媒体在网络突发事件中都采取了权威话语模式，虽然程度不同，但都通过官方发布、媒体评论、专家解读等增强价值内容上的权威性，提高话语公信力与说服力。事件新闻话语模式都是主导话语模式之一，通过对事件信息公开、动态跟踪、影响反馈等客观报道，缓解因信息鸿沟带来的心理焦虑，增强对事件理解和把握的理性判断基础。由于网络开放性与互动性、参与性较强的特点，三种媒体在互动性上相互学习、融合性较强。如人民网在文本中引用网民话语观点，采取官方与民间问答方式提高话语互动性与亲和力；微信公众号则充分利用平台广泛性、参与性、互动性强的特点，表达多元价值认识与诉求。此外，评论话语模式是进行问题质疑、反思批判、价值纠偏与改进提高的重要手段，也是三种媒体相互引用、发表价值观点态度的重要渠道。

第三节　网络突发事件个案研究
——以"东方之星"沉船事件为例

随着互联网新媒体的强势崛起,许多社会事件由于信息技术的普及而在短时间内迅速演变为社会关注度高、影响范围广的大事件。网络突发事件是指在社会现实生活中突然发生并在网络上迅速发酵,造成或可能造成严重社会影响,需要采取应急处置措施加以应对和价值引导的事件。如果处置不当或引导不力,很容易引发负面舆论与价值冲突并进一步形成社会危害。因此,新时期加强网络突发事件的应对与社会主义核心价值观的引导十分必要而迫切。

2015年6月1日21时32分,重庆东方轮船公司所属"东方之星"客轮由南京开往重庆,航行至湖北监利县长江大马洲水道时翻沉,造成442人死亡。此消息发布后,迅速引起社会各界的广泛关注。

本文采取探索性个案研究和比较分析方法对东方之星沉船事件进行深度剖析,以主流媒体报道和微信公众号作为文本采集渠道,在文本分析与语义分析的基础上归纳总结网络突发事件中社会主义核心价值观引导与构建模式,为更好地加强社会主义核心价值观在网络突发事件中的引导构建力度提供方法支撑。

<<< 第二章 网络突发事件中的社会主义核心价值观引导与构建研究

一、文本数据采集

为了便于进行比较研究，分别选取官方主流网络媒体舆论场代表人民网与民间网络话语舆论场典型平台微信公众号作为抽样框，通过主题相关搜索，进行文本数据采集（以文字为主），人工去除与主题不相关内容，具体如表 2-20 所示。

表 2-20 文本抽样框

采集渠道	样本量（条）
人民网	79
微信公众号	88

（一）时间序列

从纵向文本量发布时间序列上看，人民网抽样框自 2015 年 6 月 2 日开始，截至 2018 年 1 月 18 日结束。微信公众号时间起点同样是 2015 年 6 月 2 日，截至 2017 年 12 月 22 日结束。详见表 2-21。从图表中可以看出微信公众号舆论酝酿期较短，在事发第 2 天迅速形成了舆论高潮，之后逐渐下降，周期较短。人民网对东方之星沉船事件报道经历了一个先抑后扬、持续发酵、逐渐平缓的过程，持续时间较长，这反映出不同平台对同一事件的关注视角不同。

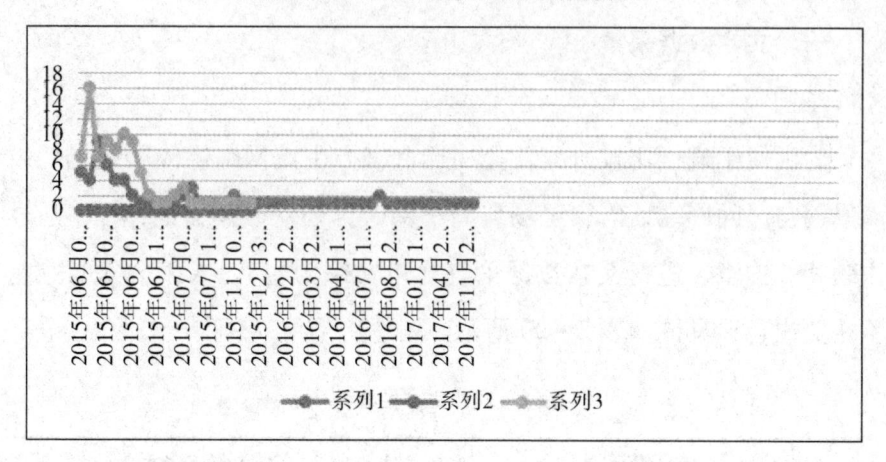

表2-20 文本采集时间序列抽样框

说明：系列1表示人民网发布内容频次与时间序列；系列3为微信公众号发布内容频次与时间序列。

（二）信息来源

人民网文本来源既有传统媒体，占48%；也有网络媒体，占51%，还有国有企业，如中国长江三峡集团。详见表2-21。

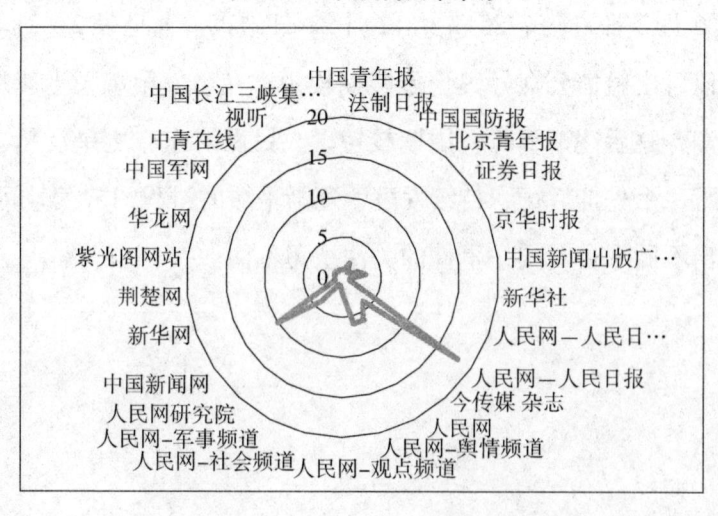

表2-21 人民网文本来源

微信公众号文本来源较为广泛,既有传统媒体公众号,如央视新闻、北京晨报、人民日报等;也有政府网站,如监利网、广州仲裁委员会等;还有商业媒体机构公众号,如新浪新闻、腾讯大申网等,其他包括个人或机构公众号,如博罗一些事、天涯社区等。详见表2-22。

表2-22 微信公众号信息来源

yceair,青春东航	XUAN_KE_JIONG,宣克炅	FM966FM966,余姚人民广播电台	danduyuejian,丹独约见
Tianya-China,天涯社区	baidu-news,百度新闻	sh-people,人民网上海	lishui_gqt,青春丽水
cqwushan,巫山潮生活	dalianwanbao,大连晚报	fm92_7,楚天交通广播	guanchacn,观察者网
changjiangmedia,长江日报最武汉	blyxs0752,博罗一些事	mdrtzhoukan,精英新榜	xishui438200,秀美浠水
yhz_hotel,新兴县悦和莊酒店有限公司	foduzs,foduzs	ART183,183艺术	jt1057,上海交通广播
gdyjs12345,阳江12345	XUAN_KE_JIONG,宣克炅	knowledge-power,知识就是力量	D413198,佛心佛语
gzqudou,广州清颜堂专业祛痘	baoshanbbs,宝山e生活	bdbxdwt,宝坻百姓大舞台	cctvnewscenter,央视新闻
cjpaxp,平安兴平	peoplefujian,观八闽	eryansi,奉贤区二严寺	hfhqgc,恒丰资本研究院
whhsfywx,武汉海事法院	limbosoccer,足球大师	jianikeji,佳尼家具科技	rmrbwx,人民日报
hrbwlgbdst,哈尔滨广电新媒体	paradisecinema,桐乡永乐影城	anhuitv1997,安徽卫视	bfwnews,北方网

续表

chuanwg，锐蓝网	njzyh1516，南京聚优惠	gxhsry，皇氏乳业	ralncy，仁爱老年产业
jl266com，监利网	BY1WXDCQ，CQ现代通信	xcrlzysc，西昌人力资源市场	zaddc2013，真爱电动车
jsiia2014，江苏保险中介	cctvnewscenter，央视新闻	cuixg111，儒思HR人力资源网	ezagoo，伊宅购 Ezagoo
cqcoal，秦皇岛煤炭网	xtwbwx，湖湘南路1号	yangtzeu_dwxcb，长江大学	dashenw，腾讯大申网
Cherrygroup，因淘优品App	ntjhwb，江海晚报	wutai0350，五台山印象	qihelvyouju，齐河旅游
jmwbwx，荆门晚报	shobserver，上观新闻	qjwb87917666，阿拉晓得	blogchina_com，博客中国
BJCB96101，北京晨报	DongfangVIP-2013，东方日化	nxxjzx，宁夏安全微聚焦	gzac_gziac，广州仲裁委员会
zjolwx，浙江在线	iwenzhou，温州晚报	xinlang-xinwen，新浪新闻	shufa001_com，书法第一网
sdshwx，视典沙画	hbsrmjy，鄂检在线	xuanchengxinwen，宣城新闻网	zslishui，掌上大溧水
ycginwa-2010，世纪金花银川购物中心	xiuxinchanyutang，修心禅语堂	dashenw，腾讯大申网	xuefa5，学法网
xiciclub，西祠社区	i-123jzs，一级建造师123建造师网	junsaoclub，军嫂club	zhaojishiyou，兆基石油
longgangzhen，龙港网	DYDTFM979，丹阳广播979	Fairmont_Nanjing，南京金奥费尔蒙酒店	csjtour，csjtour

86

二、文本数据分析

"东方之星"沉船事件由于突发性强、危害大、影响力广而备受人们的关注，在事件传播过程中，如果不能及时化解危机和冲突，就会引发舆情多角度转化，进而通过价值评判、表达向价值观念形态转化，形成多元价值影响。

为更全面客观把握"东方之星"沉船事件社会主义核心价值观引导与构建规律特点，对文本数据在采集基础上进行了两方面的分析：一方面运用计算机技术处理手段对文本内容进行词频、语义和社会网络宏观分析；另一方面通过人工进行话语类型模式及语义价值诉求深度分析，探索网络突发事件中社会主义核心价值观引导与构建模式及特点，为加强主流价值引导提供方法和手段支撑。

（一）数据初步分析

对人民网79份文本和微信公众号88份文本进行了批量分词之后，通过聚类归并，形成高频词表。

1. 词频

为便于比较，分别对人民网和微信公众号相关文本中排名前30的高频词进行对比分析。

去掉连词"于""已"，量词"一个"，多语义字"时"等，对"遇难"与"者"等相近词进行归并，形成排名前28位词语内容及频度统计。具体详见表2-23。

表2-23 人民网与微信公众号文本高频词比较

人民网文本高频词				微信公众号文本高频词			
词语	频度	词语	频度	词语	频度	词语	频度
新闻	706	6月	204	东方之星	577	翻	174
媒体	650	内容	201	船	413	进行	166
事件	506	2015年	182	船舶	292	客轮	165
微博	289	国家	178	长江	284	现场	164
中国	287	舆情	178	工作	274	遇难者	159
网络	285	东方之星	177	6月	263	发生	155
报道	270	人员	166	救援	247	时间	155
舆论	268	沉船	163	人员	246	出	154
救援	267	现场	154	公司	245	海事	152
信息	238	发生	152	沉船	240	未	151
工作	230	事故	146	事故	209	旅行社	150
社会	224	出	146	安全	199	沉	149
传播	221	时间	141	重庆	190	问题	149
进行	213	记者	136	事件	189	船长	142

通过表2-23可以看出，二者之间有许多词是重叠的，如"事件""救援""工作""进行""发生""事故""沉船""现场""人员""时间""东方之星"等，由于关注视角不同，相同词语在频度上却有很大差异，人民网文本中"事件"一词的频度为506，而在微信公众号中的频度仅为189。

通过比较可以看到人民网排名前8位的高频词"新闻"（706）、"媒体"（650）、"事件"（506）、"微博"（289）、"中国"（287）、"网络"（285）、"报道"（270）、"舆论"（268）与微信公众号排名前8位的高频词"东方之星"（577）、"船"（413）、"船舶"（292）、

"长江"(284)、"工作"(274)、"6月"(263)、"救援"(247)、"人员"(246)完全不相同。在人民网前8位词语中,一些词语强调媒体报道,对媒介平台如微博、网络传播方式和舆论有较高关注度,同时在内容视角上比较宏观,如"新闻""事件""中国"等词较为泛化,更注重整体。相对而言,微信公众号关注的内容较为具体,出事船舶和名称词语聚集度高,如果把"船"和"船舶"归并,频度可达705,其次为"东方之星"。此外,对事件地理方位、时间、相关参与救援人员等较为重视。

2. 语义和社会网络分析

为更直观分析词语之间语义关联和社会网络,对文本语篇进行分析,形成了语义和社会网络关系图。详见图2-18和图2-19。

从图2-18中可以看出,围绕东方之星沉船事件,人民网对现场人员救援与善后、主流媒体传播、新闻报道中体现国家力量和国际影响、事故责任认定、政府在突发事件中应对、舆情总结等方面集中进行了议程设置。

图2-19中反映出围绕东方之星在长江流域湖北监利发生突发性灾难事件,引发人们的一系列热点讨论话题,如翻沉原因、天气状况、船长行为、救援方法、旅行社问题等。400多条生命的突然逝去,引发了人们的震惊之余,也引发了人们对生命、安全、问题反思等方面的价值重构。

图2-18和图2-19都表现出来,公众对沉船事故出现的问题,尤其是对船舶领导管理方面存在的漏洞表达了强烈关切。比较之下可以发现,人民网作为主流媒体典型代表之一,强调媒体新闻报道、舆论引导等方面的社会责任;微信公众号作为媒介平台,反映出人们对

事故原因、存在质疑、救援情况等细节和真相的重视。

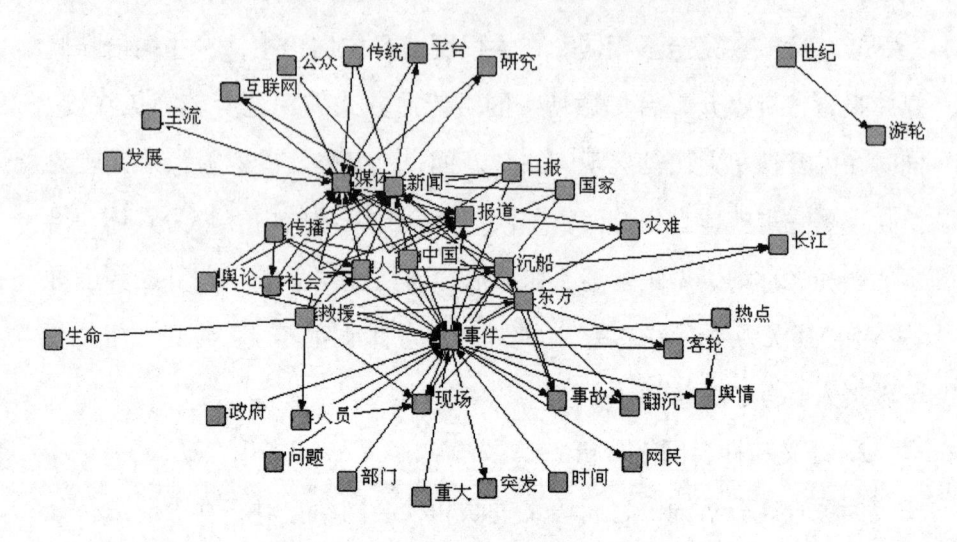

图 2-18 人民网文本社会语义网络分析图

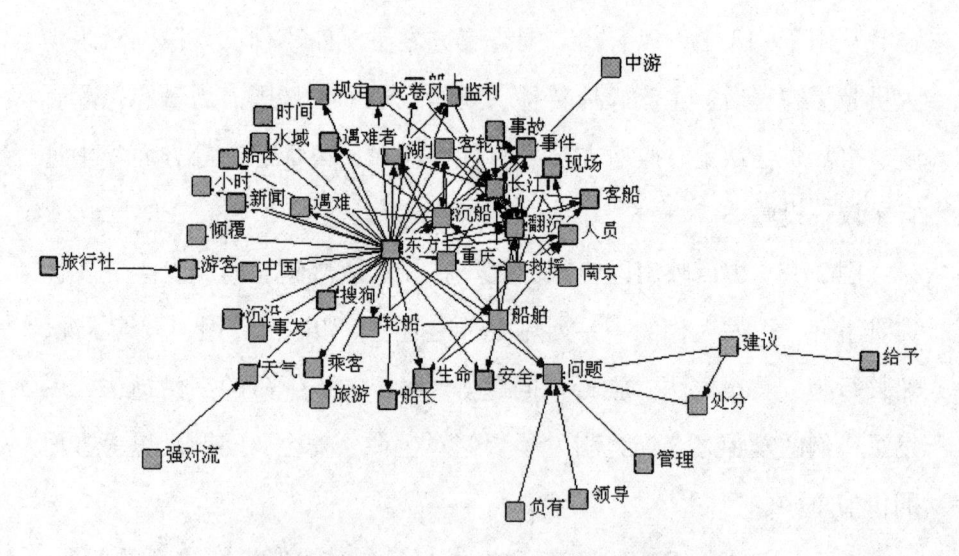

图 2-19 微信公众号文本社会语义网络分析图

(二) 文本深度语义分析

为更深入把握文本话语模式与价值态度，分别采用统一尺度对人民网与微信公众号文本进行详细分析，对内容体现和反映出来的价值评判与观念态度通过人工分析方式，按照社会主义核心价值观三个层面12个词（富强、民主、文明、和谐；自由、平等、公正、法治；爱国、敬业、诚信、友善）进行语义关联分析。

1. 话语模式分析

对人民网文本话语模式进行分析，去掉与东方之星沉船事件相关度不高和重复性内容，对68个文本进行内容归类分析。其中，客观新闻事件介绍陈述类占比最高，达51.5%；其次为媒体研究和人物特写，各占20.6%；悼念祈福和舆情总结分别占4.4%和2.9%。

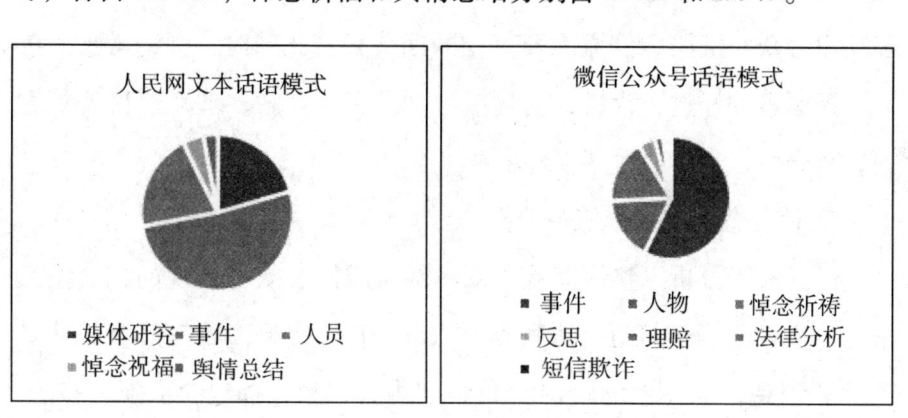

图2-20 人民网与微信公众号话语模式比较

去掉不相关内容，对87份微信公众号文本进行分析。与人民网文本话语模式比较，微信公众号话语模式更为多样。客观陈述事件话语模式占比达57.3%；人物特写、悼念祈福分别占16.9%、16.8%；对事件反思占4.5%；理赔占2.2%；法律分析和短信欺诈分别占1.1%。

无论是人民网还是微信公众号都从客观事件本身设置议题最多，人民网对事件主要从救援、总结评价反思、政府行为、进展情况、企业安全与重组、人员、家属、旅行社、大国实力等方面进行议题设置；微信公众号主要从救援、原因分析、质疑、调查报告、祈福、善后、经过还原、进展、自救方法、理赔、科普知识解答、家属、悼念、事件背景等方面进行议题设置。见图2-20。

通过比较可以看到，人民网关于事件话语内容涵盖范围较宽，既有国外媒体评价，也有政府在领导、组织、财政拨付、沟通等方面所做的工作，着重救援投入方面体现的国家力量、企业安全与重组等，站在宏观视角把握问题，引导舆论。微信公众号关于事件话语内容议题更为直观具体、注重细节，围绕事件本身进行议程设置较多，尤其反映出公众对沉船事件原因及真相的期待，与此同时，围绕救援、善后、还原事件经过、背景、调查报告、进展、自救、理赔、科普等方面，较全面、立体地呈现事件本身。

2. 社会主义核心价值观分析

经过人工分析，整体上看，人民网与微信公众号体现的社会主义核心价值观范围较接近，人民网涉及11个价值观，微信公众号涉及10个价值观，二者之间有10个价值观内容一致，都包含富强、和谐、文明；公正、平等、法治；爱国、敬业、诚信、友善。区别是不同媒介平台对社会主义核心价值观的强调和重视程度有所不同，排序有很大差别。

人民网在东方之星沉船重大突发性事件报道中，着重强调个人层面"敬业"的价值引领，不论是领导监管、政府救援组织协调，还是媒介沟通、企业管理等方面，都着力塑造认真负责、敬业爱岗、勇于担当的价值态度。在重大的突发性灾难面前，只有所有相关人员都兢兢业业，才能最大程度上缓解人们对公共安全的心理焦虑，建立信任。而与此相对，微信公众号则注重国家层面"和谐"的价值塑造，这恰恰与官方主流媒体形成了某种价值呼应和互补，集中反映了因突发性沉船事件给人们带来的心理冲击和不安，对个人和社会公共安全价值期待较高，需要尽快建立和谐有序的生活。

人民网排在第二位的是社会层面"公正"的价值观，对家属的安抚、对原因的彻查、信息的公开，体现在像中央领导同志所要求的那样，"拿出一份经得起历史检验的事件调查报告"。因此在报道中，人民网着力通过调查取证的科学严谨、事件原因的客观分析、事故责任的公平认定等来塑造公平正义的价值理念，消除人们的质疑，重建信任机制。微信公众号在"和谐"之外，着重强调个人层面"友善"的价值观，这一方面体现在灾难面前，对逝去生命的尊重、关切和悼念；一方面体现在对幸存者的救援、帮助和鼓励；还体现在对家属寻亲、查证等方面的无私帮助和助人为乐等。灾害，既是对人们之间价值关系的一次破坏，许多家庭因此失去了至亲至爱之人；同时也促成一次新的价值关系建构，人与人之间因为灾难而相互帮助扶持、关爱互利、紧密配合，形成凝聚力量。

人民网排在第三位的是"平等"的价值理念，通过对救援过程中救援人员不放弃任何一个生命的坚持，打捞沉船中以最大保护幸存者生命为前提，善后处理中对每一位遇难者的搜寻和身份核对等细节来表达对每一个生命个体的尊重和平等价值理念的塑造。而微信公众号中排在第三位的是"敬业"价值观，着力强调爱岗敬业负责的价值态度。详见表2-24。

表2-24 社会主义核心价值观构建比较

人民网		微信公众号	
价值观	频度	价值观	频度
敬业	36	和谐	54
公正	24	友善	48
平等	22	敬业	42
友善	19	公正	35
诚信	16	平等	24
和谐	16	文明	15
文明	12	法治	11
法治	12	诚信	10
富强	8	爱国	3
爱国	2	富强	3
自由	1		

从表2-24中可以看到，人民网和微信公众号在社会主义核心价值观构建内容方面具有内在的趋同性，唯一有差别的是人民网还强调了"自由"价值理念，这体现在对生命获得自由的价值构建。

三、结论

通过上述分析，在网络突发事件中，作为官方主流媒体代表之一的人民网与民间网络话语集散地的微信公众号在社会主义核心价值观引导与构建中呈现出以下几方面特点：

第一，双方在社会主义核心价值观引导和构建模式方面存在显著的差异性。

首先体现在双方立足点和定位存在明显差异，人民网立足官方主流媒体价值引导与塑造，内容把控较为严格。微信公众号作为民间话语表达舆论场，直接反映百姓的价值诉求，回应公众关切。

定位的差别带来的是二者在社会主义核心价值观构建模式上存在明显区别。人民网在议程设置方面更注重宏观整体，对政府应急处置和监管、涉事企业旅行社、救援企业机构人员、幸存乘客、事件进展、善后措施、国际评价等方面都有所反映，统筹国内外影响与价值塑造，议程设置能力较强。因为主流媒体的国际传播是国家形象传播的重要渠道，因此在新闻权威性方面要求较高。长江沉船事故，引起了国际各大媒体的普遍关注，许多国际主流媒体都援引新华社、央视和《人民日报》等中国主流媒体对该事件的报道。

微信公众号在议程设置上更注重微观细节，围绕事件本身议程设置。在重大灾难面前，许多人在震惊之余心里有很多疑问，尤其在信息发布不全的情况下，很容易产生认知偏颇，产生负向价值影响。微信公众号围绕人们的质疑和关切设置议题，如为什么会发生沉船事故？是自然灾害还是人为因素？如果是自然灾害，是否有预警预报？……通过问和答、专家解读分析，较为立体、客观地分析了事故原因，缓解公众焦虑情绪。

在话语模式上，人民网相关表述较严谨，把关人审核严格，未出现不准确报道。而在微信公众号中，由于媒介传播多层次性，把关人作用发挥有限，多次出现不够严谨、全面、准确的表达。如某纸媒官方微博发布了《国务院表示事故为"因大风大雨造成的沉船事件"》的消息，但当日下午即在微博致歉，称早前发布的消息不准确、不全面、系把关不严。微信公众号中多次援引"因大风大雨造成的沉船事件"作为事故原因。国务院调查组调查认定,"东方之星"号客轮翻沉事件是一起由突发罕见的强对流天气——飑线伴有下击暴流——带来的强风暴雨袭击导致的特别重大灾难性事件。无论何种媒体,把握好时效性与准确性的辩证关系是网络突发事件中进行有效价值引导与构建的前提。

第二,双方在社会主义核心价值观引导和构建方面具有内在的一致性。

灾难将会在不同程度上对国家、社会、个人生活的和谐稳定造成破坏,在这个过程中,人们会在内心经历一次价值重构的过程,因此对于灾难的信息报道具有较高的需求,而灾难新闻则是最快、最大限度地变未知为已知,整合资源与信息,跟进救援、维持稳定、缓解焦虑的重要手段。因此,无论是人民网还是微信公众号都将新闻话语作为主渠道,在第一时间客观、真实、准确地传达给公众。在人民网报道中,新闻类话语文本占51.5%;微信公众号新闻类话语文本达57.3%。在东方之星事件报道中,各级政务媒体与传统媒体、网络媒体和新媒体之间实现了联动协同、相互转发、信息透明公开,如@湖北发布(湖北省政府新闻办官方微博)、@荆州发布(荆州市政府新闻办官方微博)等本地政务微博持续发布现场救援进展,@南京发布、@安庆发布等政务微博第一时间发布本地乘客信息,微信公众号、人民网等进行了转发,保证了报道的时效性,缓解了人们因信息不足而导致的心理焦虑,有效引导了人们对和谐、公正、平等、友善、诚信等价值观在内心的正向重构,避免了因信息不畅而带来的舆情次生转化问题,使得该事件未出现大的舆论波,网民由于政府行动及时、信息公开而对其呈现出较高信任度，更加关注救援进展等情况。

其次，双方在社会主义核心价值观引导和构建内容方面具有较强的趋同性和互补性。围绕沉船事件，人民网和微信公众号都将救援情况和进展作为报道的重点，通过报道各级政府部门财政、人员、船只等救援投入，三峡集团为救援蓄水，降低沉船区域水位等展现国家力量，构建"富强"的社会主义核心价值观，引导人们增强爱国情怀。通过对潜水员克服困难、坚持搜救，医务人员抢救幸存者，法医准确识别遇难者身份等细节特写，构建"敬业"负责的社会主义核心价值观等。虽然人民网与微信公众号对社会主义核心价值观引导构建重点不同，但总体上呈现出一种相互呼应、相互补充、整体趋同的特点。

在话语模式上，双方之间呈现出相互学习和借鉴的状态。为了减少权威话语模式带来的距离感和空洞感，人民网学习借鉴网络新媒体互动沟通性强的话语模式，通过情感方式增强细节展现，如"蛙人"救援的细节，新娘独自参加婚礼，新郎在救援现场等提高话语表达的生动性和亲切感。微信公众号等网络新媒体也通过专家分析、问答解读、科普知识等方面增强话语权威性，如发布《长江沉船事件十二个疑问解读》，提高可信度。

总之，在网络突发事件中，及时、准确、公开信息是有效化解舆论危机和进行社会主义核心价值观引导的重要前提，官方主流媒体应加强回应网民重大关切，增强话语互动性和问题意识，提高价值引导的针对性。民间网络话语应加强信息把关人角色意识，避免不全面、不准确信息引发的舆论次生危机的发生。

（本节部分内容发表于《新闻研究导刊》杂志）

第三章

网络社会热点中的社会主义核心价值观引导与构建研究

近年来，随着网络技术发展和自媒体时代的来临，信息获取、传播与发布的门槛越来越低，开放性、互动性使得信息聚集流动能力极大增强，网络社会热点事件呈现逐渐增长和多发的态势。从"青岛大虾"到"天价鱼"，从徐玉玉被电信诈骗案到罗尔诈捐风波，从陕西榆林产妇跳楼到山东辱母杀人案等事件，既反映了个体的心理情绪与意见态度，也反映出群体社会心理与价值观念。

2018年，习近平总书指出："我们迎来了世界新一轮科技革命和产业变革同我国转变发展方式的历史性交汇期，既面临着千载难逢的历史机遇，又面临着差距拉大的严峻挑战。我们必须清醒认识到，有的历史性交汇期可能产生同频共振，有的历史性交汇期也可能擦肩而过。"[①] 在这样的历史交汇时期，各种现实社会矛盾问题激烈碰撞，经由互联网传播、发酵、交汇，极易引发社会共振与舆论风浪的"蝴蝶

---

① 习近平. 在中国科学院第十九次院士大会、中国工程院第十四次院士大会上的讲话[EB/OL]. 新华网，2018-05-28.

效应",影响事件走向并进而对个体的心理价值观念和行为产生影响,有的负面事件如果处理不好,甚至会促成群体极化倾向,对社会安全稳定产生一定的威胁,增加社会治理成本。因此,加强对网络社会热点中的价值分析,对准确把握公众价值诉求,化解社会矛盾,变"危"为"机",转化社会风险,提高社会主义核心价值观主流舆论引导力和凝聚力具有非常重要和迫切的意义。

对于网络热点事件的界定,学界从许多不同的角度进行了分析探讨,但由于它是伴随着网络发展起来的新概念,处于变化的过程当中,尚未形成统一的认识。有研究者从宏观视角提出:"网络热点事件是公众关于社会中各种现象、问题所表达的信念、态度、意见和情绪等表现的总和。"[1] 也有研究者根据其特性概括为:"网络热点必须是某段时间内各个领域发生的引起各地网民广泛关注的话题,既能呈现网络当前重要事件、关注焦点、舆论方向的,又在时间维度、数量维度、集中程度上有显著特征并经过精简组织的相关信息。"[2] 从传播主体进行界定,有学者强调:"网络事件,又称为网络群体性事件,是指在一定的社会背景和社会环境下,全国范围内的网民基于某些目标诉求(利益的或情感的),主要讨论场域在网络上(但事件不一定肇始于网络)通过大量的转载、跟帖、讨论等参与方式,产生一定的表达和意见的场域效应,进而在全国范围的网络场域中产生重大影响和规模的传播事件。"本研究对网络社会热点事件的界定主要从三方面进行:一是强调社会性,表现在传播主体关注度和参与度较高;二是影响性,

---

[1] 徐砺、蓝鹰. 网络热点事件形成的社会文化心理分析[J]. 中华文化论坛, 2013 (06).
[2] 肖岳峰、李祖塔. 网络热点对大学生思想行为影响[J]. 高教论坛, 2011 (08).

体现在事件的价值诉求与影响事件走向，线上与线下影响范围广、波及面宽；三是网络空间场域的放大性与汇聚性，形成舆论共振。

第一节 研究思路与样本选取

网络社会热点事件既是现实社会矛盾利益冲突调节的动态过程反映，也是社会文化、心理、经济、政治等观念和形态的综合反映，对社会主义核心价值观网络引导与构建具有重要意义。

一、研究问题

研究立足于文本内容分析，对网络社会热点事件文本的发布时间、数据来源、词频、社会语义网络、话语模式、价值观等进行深入分析，总结网络社会热点事件中的社会主义核心价值观引导与构建规律特点，为增强主流意识形态价值引领力和文化自信提供微观层面方法和路径支撑。

二、研究方法与思路

（一）研究思路

参考人民网舆情指数，选取2016年至2017年发生的典型网络社会热点事件进行相关数据采集，运用内容分析、话语模式、词频语义、价值态度等分析方式对有关新闻报道及评论进行研究，了解网络社会热点事件背后的民众价值诉求；对政府或组织回应文本进行价值引导与构建分析，阐明网络社会热点事件中的社会主义核心价值观引导与构建策略与经验。

（二）研究方法

采取多重个案探索性研究方法，对相关文本进行分析。

1. 文本内容分析方法

首先对事件中的规模文本进行宏观计算机梳理分析，通过分词、词频聚类、社会语义网络分析等进行初步分析。

其次，对相关文本采取人工话语模式、语义与社会主义核心价值观关联分析，采取文本语篇价值观最大范畴方式进行深入分析。

最后，总结规律特征，为网络社会热点事件中社会主义核心价值观引导与构建策略提供支撑。

2. 比较分析方法

采用比较分析的框架，分别选取主流网络媒体人民网和公众媒介平台微信公众号作为数据采集来源，比较官方主流网络媒体与大众媒介平台在网络突发事件中的话语模式、价值观引导构建方面的异同，为增强话语引导力提供分析框架。

三、样本选取与数据来源

由于网络社会热点事件时效性较强，为保证事件的典型性和代表性，在人民网发布的舆情指数较高的热点事件基础上，选取2016至

2018年发生的网络社会热点事件作为抽样框，主要从个体行为、社会组织或群体行为角度选取网络社会热点事件进行分析，同时选取了一个因企业经营失范造成广泛社会影响的社会热点事件"哈尔滨天价鱼事件"作为典型个案研究。

（一）样本选取

根据人民网舆情指数，选取了6个网络热点事件进行数据采集和分析，详见表3-1。

表3-1 网络社会热点事件案例选取

序号	网络突发事件	时间（年）
1	徐玉玉被电信诈骗案事件	2016
2	常州外国语学校毒地事件	2016
3	哈尔滨天价鱼事件（个案研究）	2016
4	女游客虎园下车遇袭事件	2016
5	陕西榆林产妇跳楼事件	2017
6	山东辱母杀人案事件	2016—2017
7	王宝强离婚案事件	2016—2018

数据采集来源包括人民网、微信公众号和凤凰资讯，共采集1100份文本数据。

（二）文本数据时间与数量

通过输入关键词采集数据，对6个事件相关文本发布时间与数量进行统计归类，可以看到在同一事件中不同媒体的反应速度和话语构建策略。

1. 徐玉玉被电信诈骗案事件

在徐玉玉被电信诈骗案事件中，人民网于2016年8月25日最先发布相关报道，微信公众号紧随其后于2016年8月26日开始进行相关内容报道，凤凰资讯最晚发布相关内容，2017年3月3日才开始。

从时间跨度来看，微信公众号最长，持续了1年零10个月；其次是人民网，1年零5个月；时间跨度最短的是凤凰资讯，仅持续了11个月。从内容聚集度上看，人民网聚集度最高，94篇相关内容；其次是微信公众号，90篇；凤凰资讯52篇。

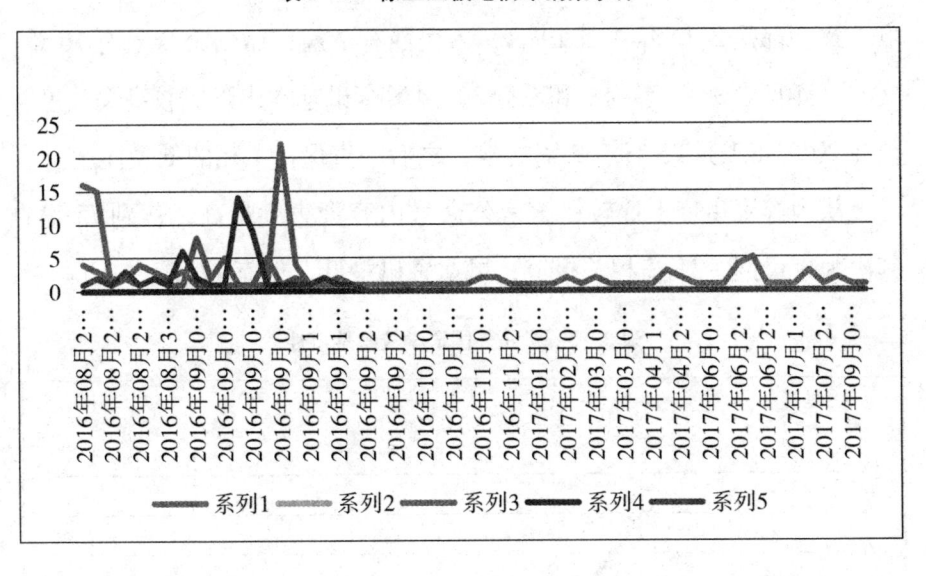

表3－2 徐玉玉被电信诈骗案事件

从文本数量与时间关系上看，人民网有2个时间节点达到峰值，分别是2016年9月8日和2017年6月28日，见表3－2中系列1。微信公众号起始时间给予了较高关注度，于2017年7月19日达到最高峰值22篇，见表3－2中系列3；凤凰资讯2017年7月19日达到最高峰值，数量为14篇，见表3－2中系列5。微信公众号与凤凰资讯都在

2017年7月19日达到最高峰值；人民网的文本峰值时间与其他媒体不同。

2. 常州外国语学校毒地事件

在常州外国语学校毒地事件中，微信公众号反应速度最快，于2016年1月9日开始报道，人民网随后于2016年1月12日开始，凤凰资讯起始时间最晚，于2017年1月25日才开始设置议题。对该事件持续关注时间最长的是微信公众号，达到2年零6个月；其次是人民网，持续1年零6个月；凤凰资讯持续11个月。

从文本数量与时间关系上看，人民网与微信公众号高峰值时间节点一致，都是2016年4月19日，人民网有7篇，微信公众号有16篇文本，详见表3-3系列1和系列3。凤凰资讯基本未形成较高关注度，仅在2017年1月25日有2篇文本，之后一直保持1篇的低关注度。

从内容聚集度上比较，微信公众号内容聚集度最高，达到75篇；其次为人民网，31篇相关报道；凤凰资讯最低，仅有17篇。

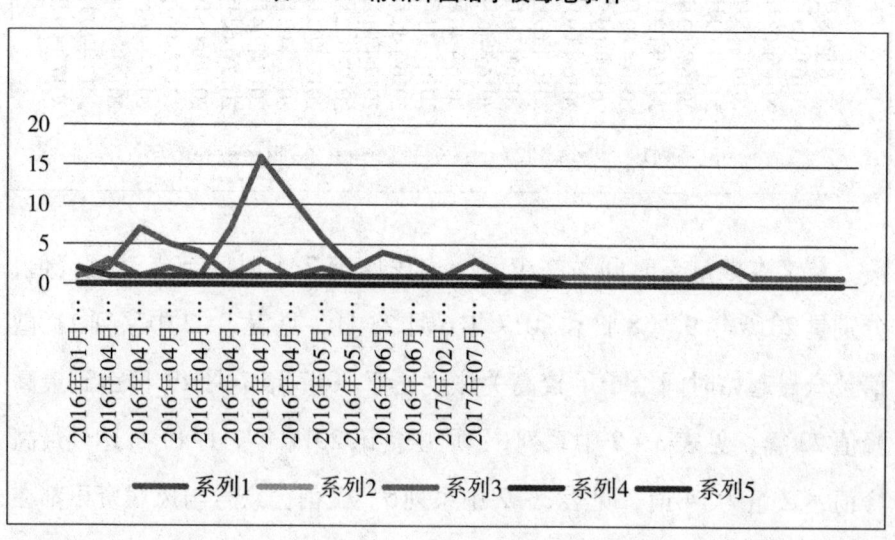

表3-3 常州外国语学校毒地事件

3. 女游客虎园下车遇袭事件

在女游客虎园下车遇袭事件中，人民网与微信公众号反应速度最快，都从2016年7月24日开始设置议题，凤凰资讯则从次年1月30日才开始报道。从持续时间上看，凤凰资讯持续时间达到1年零2个月左右；人民网持续时间为将近9个月；最短的是微信公众号，持续时间近8个月。

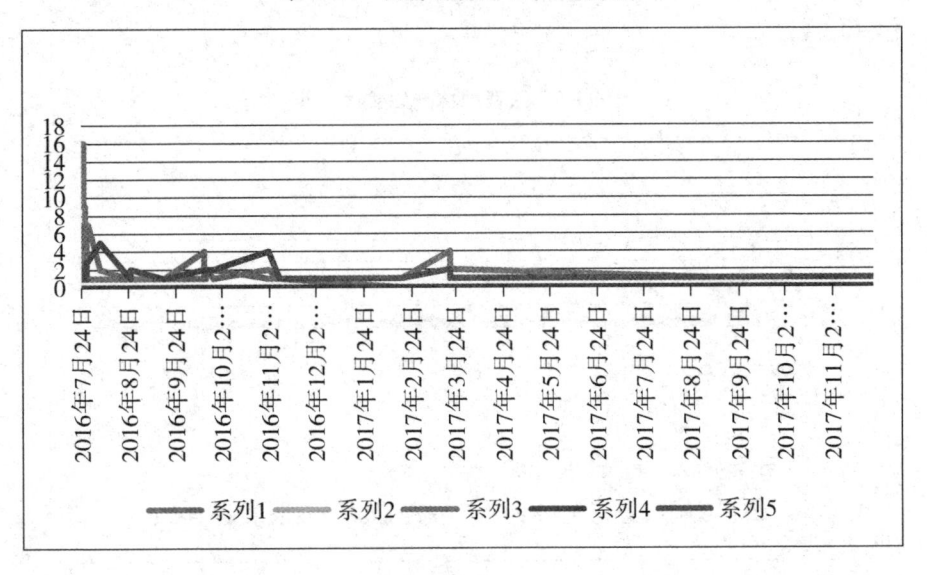

表3-4 女游客虎园下车遇袭事件

从表3-4可以看出，该事件微信公众号内容设置最多，涉及64篇文本；其次为凤凰资讯，56篇文本；最少的是人民网，35篇文本。

从表3-4的峰值变化可以看出，三者之间既有一致性，又有较大不同。人民网与微信公众号高峰值发文数量的时间节点较为一致，都是2016年7月25日，人民网当日发文7篇，微信公众号当日发文16篇。凤凰资讯则出现3次峰值，时间节点分别是2017年3月20日、12月19日、12月20日。

4. 陕西榆林产妇跳楼事件

在陕西榆林产妇跳楼事件中，反应速度最快的是微信公众号，于2017年9月3日开始报道；其次是凤凰资讯，从2017年9月5日开始报道；人民网最晚，于2017年9月6日开始报道。从持续时间上看，人民网对该事件的关注时间最长，达到1年零2个月，其次是微信公众号，持续9个月，最短的是凤凰资讯，仅关注2个月时间。该事件内容聚集度总体不高，人民网文本17篇，微信公众号63篇，凤凰资讯46篇。

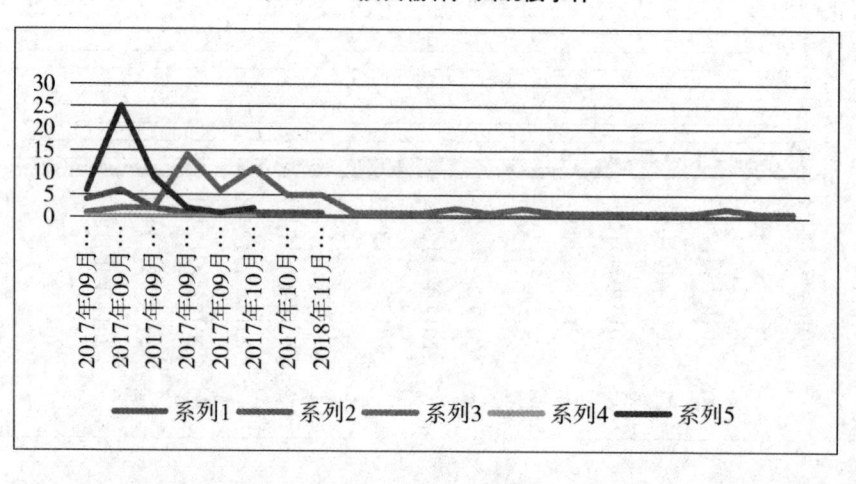

表3-5 陕西榆林产妇跳楼事件

从文本数量与时间关系上看，微信公众号与凤凰资讯的高峰值时间较为一致，表3-5中系列5和系列3显示，时间节点都是2017年9月6日，人民网高峰发文量时间为2017年9月7日，比其他媒介晚一天。凤凰资讯达到最高强度25篇后迅速下降；微信公众号在达到14篇最高峰值后，经历几次波动后缓慢下降；人民网最高峰值仅为6篇，之后保持较低关注，这种关注并不都是持续性的。

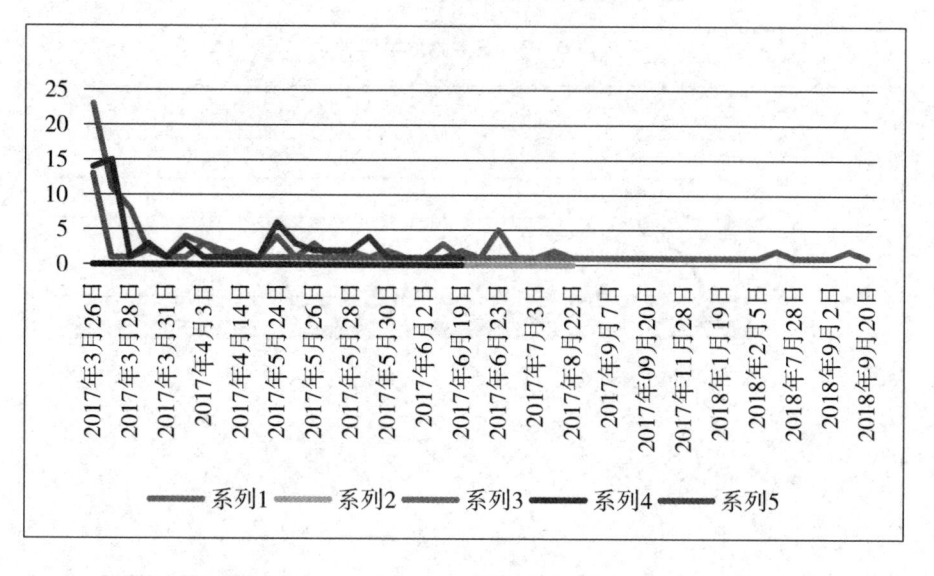

5. 山东辱母杀人案事件

在山东辱母杀人案事件中，三种媒介内容关注度较高，微信公众号文本聚集度最高，达到80篇；其次为人民网69篇；凤凰资讯最少为65篇。

表3-6 山东辱母杀人案事件

从对事件反应速度上看，三者较为一致，起始时间都是2017年3月26日。持续时间方面，人民网关注时间最长，为1年零6个月；微信公众号持续1年零3个月；最短的是凤凰资讯，关注时间为1年零1个月。

从表3-6中可以看到，三种媒体都在前期给予较高关注后下降并呈现小幅波动而后降低关注度。从文本数量与时间关系看，人民网与微信公众号开始给予强关注、高峰发文时间都在2017年3月26日，人民网最高峰值为13，微信公众号为23。凤凰资讯最高峰值出现比其他的晚一天，最高峰值为15。

6. 王宝强离婚事件

去掉人民网文本中两个极端且与主题内容不相关的时间节点，人民网对事件关注时间最早，起始于 2016 年 8 月 14 日；其次是凤凰资讯，起始于 2017 年 2 月 19 日；微信公众号则从 2018 年 2 月 7 日才开始设置议题。

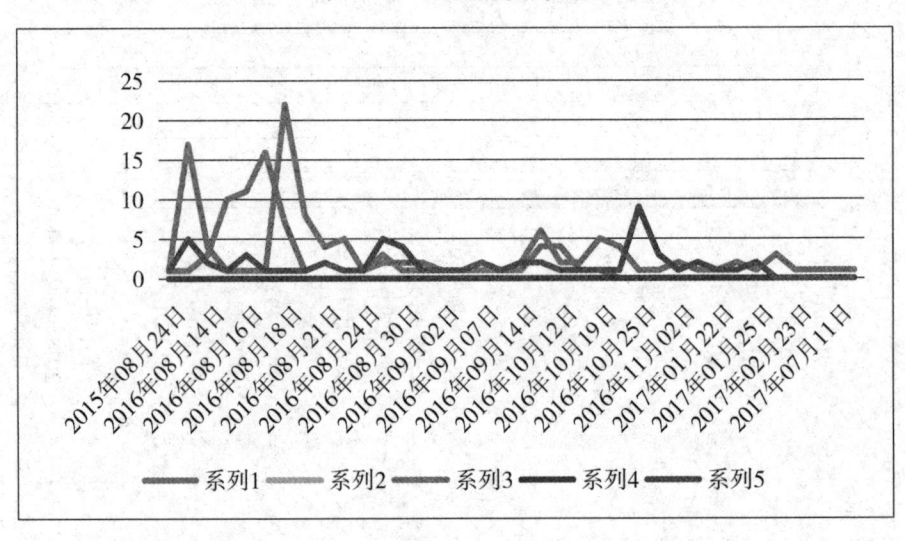

表 3-7 王宝强离婚事件

从持续时间来看，凤凰资讯时间最长，1 年零 2 个月；人民网持续 1 年零 1 个月；最短的是微信公众号，持续 6 个月。从整体上看，人民网文本内容聚集度最高，涉及 99 篇；其次是微信公众号，85 篇；凤凰资讯最少，涉及 61 篇。

从表 3-7 可以看出，人民网发文数量达到峰值时间最早，在 2016 年 8 月 17 日，数量 16 篇；其次是凤凰资讯于 2018 年 2 月 11 日达到最高数量 9 篇；微信公众号则最晚在 2018 年 6 月 22 日达到最高峰值 22 篇。三种媒体高峰值时间的差异也反映出对内容构建侧重点的不同。

(三) 文本数据来源

通过对 1100 份文本的数据来源进行统计归类分析，可以发现不同媒体的数据来源有较大差别，这一定程度上也反映出传播主体话语内容与构建策略的差别。

1. 人民网文本来源主要渠道

对 347 份人民网文本来源进行统计梳理，可以反映出信息传播主体在网络社会热点事件的信息传播活动中所表现出来的特征。

人民网对三个个人社会热点事件内容设置较丰富，文本来源广泛。包括徐玉玉被电信诈骗案、山东辱母杀人案、王宝强离婚事件。这三个热点事件文本来源的共同之处是人民网自采内容占比最高，其中徐玉玉被电信诈骗案文本自采来源占 31.9%，山东辱母杀人案事件中自采占比高达 50.7%，王宝强离婚事件自采来源占 26.3%，这反映出人民网具有较强的内容和议程设置能力。

徐玉玉被电信诈骗案文本来源主要是传统媒体，尤其是日报类较多，如法制日报、检察日报、南方日报、北京日报、广州日报等，传统媒体占文本总来源的 69%，网络媒体占 31%。

山东辱母杀人案中，网络媒体文本量超过了传统媒体，占 50.7%，超过一半；传统媒体文本量占 45.1%；此外，新媒体如评论公众号、新闻客户端、手机人民网等占 4.2%。该事件体现出网络媒体与传统媒体和新媒体的进一步融合与舆论共振效应。

王宝强离婚事件中，来源于传统媒体文本量略高于网络媒体，占总量的 55.6%，网络媒体占 44.4%。该事件中文本来源相对广泛，传统媒体如晚报、时报、快报等较多，网络媒体中时尚类、娱乐类、新闻类等都有所涉及，这反映出根据事件性质和类型收集文本素材，表达话语内容的媒体策略。

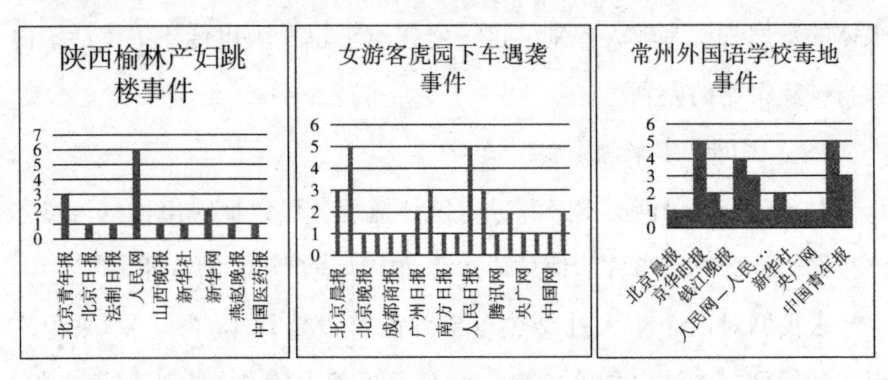

表3-8 人民网文本来源

在表3-8的中3个热点事件中，人民网文本内容总体议程设置相对较少。在常州外国语学校毒地事件中，京华时报、中国青年报超过人民网和人民日报成为主要来源渠道。在女游客虎园下车遇袭事件中，北京青年报和人民日报成为主要来源。陕西榆林产妇跳楼事件中，人民网是其主要来源渠道。

总体上看，在6个网络社会热点事件中，32.6%来自人民网自采，其余主要来自传统媒体、网络媒体、新媒体、政府及商业网站等，话语内容在注重权威性的同时也兼顾了来源的多样性和广泛性。其中，59%来自传统主流媒体，如法制日报、科技日报、中国青年报、北京青年报、新华社、广州日报、北京晨报等，具有主导优势；40%来自网络媒体，如人民网、新华网、中国新闻网、千龙网、腾讯网等；0.9%来自移动新媒体。

2. 凤凰资讯文本来源渠道

和人民网比较,凤凰资讯文本来源渠道更为广泛多元,既有传统媒体、网络媒体,也有商业媒体、新媒体、自媒体和政务公众号等。

徐玉玉被电信诈骗案文本来源排在前5位的分别是央视新闻、中国新闻网、大众网、环球网、人民网,都是传统主流媒体和网络主流媒体。该事件中,网络媒体文本来源占比最高,达到49%;其次是传统媒体占43%;7.8%来自新媒体;3.9%来自政务公众号,来源较为广泛。

在女游客虎园下车遇袭事件中,文本也是主要来自传统媒体、网络媒体、新媒体和政务媒体四种渠道。网络媒体占比最高,达48%;其次是传统媒体,占37.5%;新媒体占12.5%;政务媒体占1.8%。文本来源排在前5位的分别是中国新闻网、澎湃新闻网、新京报、环球网和法制晚报。

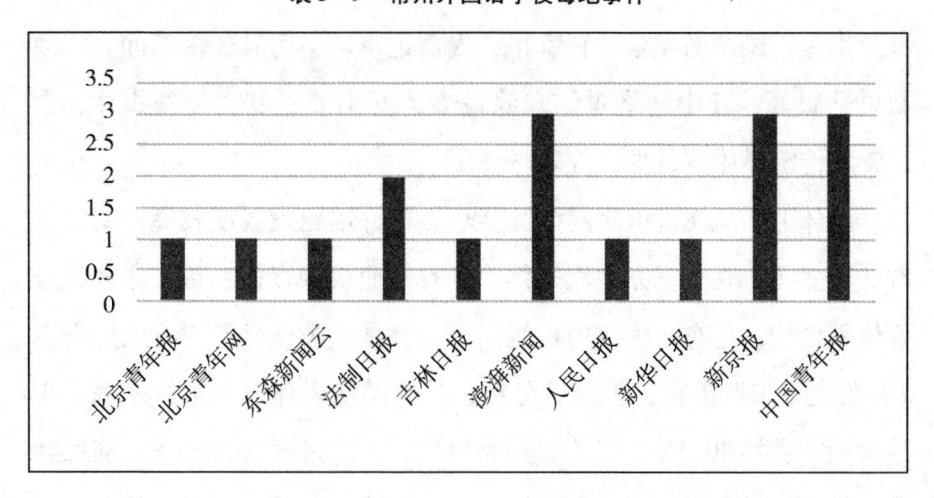

表3-9 常州外国语学校毒地事件

媒体	数量
北京青年报	1
北京青年网	1
东森新闻云	1
法制日报	2
吉林日报	1
澎湃新闻	3
人民日报	1
新华日报	1
新京报	3
中国青年报	3

从表3-9可以看出,在常州外国语学校毒地事件中,来源渠道受

限于文本数量较为单一，主要包括传统媒体、网络媒体和新媒体三种渠道。传统媒体来源占据绝对主导，占比高达71%；网络媒体占29.4%；新媒体占5.9%。其中新京报、中国青年报、澎湃新闻和法制日报文本来源较多。

山东辱母杀人案事件中，文本内容聚集度高，来源渠道较为广泛，包括传统媒体、网络媒体、新媒体和政务媒体四种渠道。文本来源排在前5位的媒体分别是华商报、山东高法、法制日报、凤凰网、新京报与央视新闻、中国新闻网并列，政务媒体山东高法成为主流渠道来源之一。其中传统媒体来源最多，占46%；网络媒体占29%；新媒体占13.8%；政务媒体占10.8%，成为一大特色。

陕西榆林产妇跳楼事件中，来源渠道较多的媒体包括凤凰网、新京报、环球网、澎湃新闻网和沸腾等。其中网络媒体成为主要来源，占41.3%；其次为传统媒体，占32.6%；新媒体占26.1%。

王宝强离婚事件中，文本内容聚集度较高，来源排在前5位的媒体分别为：凤凰网娱乐、新京报、娱情记事本、每日经济新闻、华商报电子版等。其中网络媒体来源最多，占41%；其次是新媒体，占31%；传统媒体占最少，占27.9%。

总体上，凤凰资讯对网络社会热点事件话题设置度较高，文本来源比较多元，既有官方主流媒体，也有商业机构媒体、新媒体和融合媒体平台等，还有一些政府机构和个人微博、公众号等。对凤凰资讯296份文本来源进行归类统计分析，其中网络媒体成为主导来源，占总来源渠道的40.5%；其次是传统媒体，占总来源的39.5%；新媒体成为重要渠道来源，占总来源的17.6%，增速较快；政务微博、公众号等也成为一种渠道来源，占3.4%。

由于微信公众号是一个公众媒体平台，来源广泛，每一个热点事件文本对应渠道都不尽一致，因此较难进行统计。对微信公众号457份文本来源进行统计分析，归纳起来主要有以下几类：一是传统媒体，如央视新闻、新华社、中国日报、法制晚报、人民日报、南方日报等公众号；二是网络媒体，如人民网、中国新闻网、正义网、新华网、大众网、齐鲁网、央视网、大洋网、观察者网等公众号；三是政务公众号，如资阳政法、信阳法院、人民检察院、十堰检察、山东省人民检察院、常州教育发布等；四是企业事业单位公众号，如中国政法大学刑事辩护研究中心、三农研究院、石家庄市反电信网络诈骗中心、复旦大学公共卫生学院、SZU法学研究会、北京秦希燕联合律师事务所等；五是个人或论坛公众号，如淋汗老叔、吴钩壹言堂、湘土乡亲、海坛特哥、遇见张小娴等。总之，微信公众号成为新时期各种信息和公众意见态度的汇聚平台。

第二节 文本内容语义价值分析

中国互联网络信息中心（CNNIC）在京发布第43次《中国互联网络发展状况统计报告》显示：截至2018年12月，我国网民规模达8.29亿，普及率达59.6%，较2017年底提升3.8个百分点，全年新增网民5653万。我国手机网民规模达8.17亿，网民通过手机接入互联网的比例高达98.6%。在互联网络环境下，新的媒介导致新的现象出现。① 随着我国互联网普及率和手机接入互联网比例的不断提高，自媒体的广泛应用使得人人都有麦克风，网络既成为人们了解世界的工具，也日益成为表达观点立场的社会舆论场所。

关于网络社会热点事件，一些学者从不同层面进行了界定：有研究者指出，"网络热点事件是指经由网络媒体发布信息、形成相应舆论进而成为众所关注的热点事件"。② 也有人强调："网络热点事件的发展过程看作是一个完整的集群行为的演变过程，认为网络热点事件是在一定的社会背景下，由某些特定因素触发，众多网民以网络为主要渠道进行情感宣泄，并可能会伴发现实世界中的集体行动，最终产生一定社会影响的网络集群事件。"③ 有人从社会公共领域强调："网络热点事件几乎都是社会公共事件，在较短时期之内引起网络社会甚至整个社会的广泛关注。"④关涉民众关注的价值核心——"公平正义"问题和社会伦理道德等。

近年来，随着改革开放的深入推进和结构调整，转型时期社会矛盾和风险增多，网络社会热点事件呈现高发态势，从青岛"天价虾"到哈尔滨"天价鱼"；从徐玉玉被电信诈骗案到罗尔诈捐风波；从青年魏则西之死到山东辱母杀人案；从游客虎园下车遇袭到陕西榆林产妇跳楼……这些社会热点事件都不同程度涉及个人行为失范或社会价值核心问题与关切。如果处理不好，极易引发社会消极后果和潜在社

---

① ［加］哈罗德·伊尼斯. 传播的偏向［M］. 何道宽，译. 中国人民大学出版社，2003.
② 李晓云等. 网络热点事件影响因素研究［J］. 时代金融，2012（05）.
③ 徐勇. 基于价值累加理论的网络热点事件舆情研判及系统实现［J］. 计算机工程与科学，2015（12）.
④ 邓景. 论网络热点事件对社会道德的冲击与重构［J］. 中国报业，2012（08）.

会不稳定因素。因此,加强新时期网络社会热点事件中的价值引导构建特点和规律研究探索,对于培育和践行社会主义核心价值观,提升社会文化凝聚力和认同感,增强中国特色社会主义文化软实力和国家安全具有十分重要的意义。

本文采取多重个案探索性研究方法,对 1100 份文本进行词频、语义、价值向度等方面的深度挖掘,同时,采取比较分析的框架,对不同渠道文本进行异同比较,归纳总结网络突发事件中社会主义核心价值观引导与构建模式特点。

一、文本词频分析

对 6 个网络突发事件文本在分词的基础上进行词频分析,分别对人民网、微信公众号和凤凰资讯三个渠道采集的数据进行词语聚类分析,输出排名前 300 的高频词汇,由于篇幅有限,只取排在前 30 位的词语进行分析。

(一)经过一定的发酵成为网络社会热点的事件

这些事件最初发生时并没有引起广泛关注,经过一段时间的传播发酵,逐步成为引发社会普遍关注的网络社会热点,如江苏常州外国语学校毒地事件、王宝强离婚事件、山东辱母杀人案事件等。

1. 山东辱母杀人案事件

2016 年 4 月 14 日,山东男子于欢和母亲苏银霞被催债人围堵,其母并被施以极端手段污辱。情绪激动的于欢拿刀乱捅,4 名催债人被刺中,其中一名医治无效死亡。

表 3-10 山东辱母杀人案文本高频词比较

人民网		微信公众号		凤凰资讯	
防卫	332	于欢	932	于欢	331
行为	303	苏银霞	657	苏银霞	208
司法	289	行为	495	山东省	184
于欢	278	杜志浩	494	行为	174
正当防卫	236	法律	387	故意	173
舆论	234	故意	378	检察院	146
法律	225	防卫	371	山东	143
案件	220	警察	338	人民	142
社会	219	母亲	316	杜志浩	131
侵害	219	于欢的	303	案件	125
不法	192	正当防卫	299	民警	121
人民	187	一审	290	伤害	113
媒体	157	伤害	288	防卫	105
认定	152	山东	283	冠县	104
故意	134	人民	279	吴学占	103
法治	130	侮辱	277	二审	103
二审	129	民警	277	法律	102
苏银霞	127	案件	268	警察	101
山东省	127	上诉	248	聊城市	101
杜志浩	125	法院	247	杀人案	98
民警	125	吴学占	237	依法	96
机关	123	杀人案	226	调查	96
事件	121	侵害	224	处警	91
公众	118	判决	224	上诉	90
公开	114	人员	219	一审	87
于欢案	112	聊城	203	存在	86

续表

人民网		微信公众号		凤凰资讯	
依法	111	检察院	203	正当防卫	85
检察院	108	存在	202	于欢的	83
问题	105	山东省	200	判决	83
事实	105	认定	188	审查	82

2017年2月17日，山东省聊城市中级法院一审以故意伤害罪判处于欢无期徒刑，起因是于欢母亲苏银霞和于欢本人遭受到暴力催债甚至性侮辱，于欢不堪其辱将其一人刺死。3月23日，《南方周末》报道了这起"辱母杀人案"，引发舆论热议。

从内容上看，微信公众号对该事件议程设置较多，人民网和凤凰资讯内容相对较少。从表3-10中可以看到，三者内容一致的高频词包括"防卫""行为""于欢""正当防卫""苏银霞""杜志浩""法律""案件""人民""故意""山东省""检察院"等，主要围绕事件司法进程、当事人情况追踪、于欢行为界定、相关部门应对处置等进行内容设置。

三者在内容建构上的差异性体现在：一是人民网中的高频特殊词较多，内容构建的维度和丰富性较高，包括"舆论""媒体""法治""机关""事件""公众""公开""于欢案""问题""事实"等，除了微观层面对具体事件的关注外，还从中观社会层面于欢案对社会法治进程影响、公众舆论、媒体报道、机关部门应对事件态度、事实与问题公开等层面进行了多角度内容构建。微信公众号中的特殊词较少，如"侮辱""法院""人员"，主要从微观层面事件追踪及当事人行为伦理方面审视和讨论较多。凤凰资讯特殊词也较少，如"冠县"

"处警""审查",从事件发生地相关部门应对和司法过程方面构建内容较多。二是从高频词排序上看,人民网排在前三位的是"防卫""行为""司法",立足点从社会层面关注防卫行为界定、司法审判进程等法治体系建设问题,然后才从当事人于欢行为是否属于正当防卫层面进行事件跟踪和内容构建,所站视角较高。微信公众号和凤凰资讯排在前两位的高频词都是"于欢""苏银霞",是事件的当事人,两人是母子关系,关注视角是从微观视角围绕事件相关人物和情况展开。

2. 常州外国语学校毒地事件

2015年12月,江苏常州外国语学校的家长在接送孩子时闻到学校周边有刺激性气味,纷纷怀疑学校环境出现问题。2016年1月,当地媒体开始介入学校"毒地"的报道,4月16日,据央视新闻报道,常州外国语学校自搬新址后,近500名学生检出异常症状,事件曝光后,立刻引起了舆论的关注。该事件作为群体性事件,暴露出在城市发展建设过程中的环境保护问题,尤其涉及教育领域学生的健康,更易吸引人们的目光。

从表3-11中可以看到,微信公众号内容聚集度较高,其次为人民网,凤凰资讯内容设置较少。人民网和凤凰资讯排在第一位的都是"污染"一词,对常州外国语学校迁到新校区后环境污染现象和问题表达强烈关注;微信公众号则对作为责任主体的学校行为态度等表达重点关切。三种媒介都包含的高频词有:"污染""学校""土壤""环境""修复""地块""常州(市)""事件""环保""学生""问题""部门"等,围绕所在地域学校土壤环境污染、学生健康、地块修复、环保问题、相关部门举措等集中构建话语内容,表达关切。

表 3-11 常州外国语学校毒地事件文本高频词比较

人民网		微信公众号		凤凰资讯	
污染	413	学校	1172	污染	169
土壤	321	污染	791	环境	164
学校	279	常州	714	公益	111
环境	270	学生	567	诉讼	102
修复	260	环境	489	土壤	71
常州	166	外国语	447	环保	66
学生	158	修复	433	修复	64
地块	125	土壤	427	常州	58
事件	116	家长	369	地块	58
问题	111	地块	356	组织	57
家长	108	事件	343	诉讼费	57
政府	108	问题	291	学校	52
风险	97	报道	258	问题	48
外国语	96	检测	239	周建刚	48
企业	90	化工	236	政府	46
治理	86	常州市	212	原告	44
常州市	83	政府	205	举报	42
调查	80	异常	203	案件	40
工程	78	地下水	202	社会	37
土地	77	污染物	198	跑道	34
检测	69	化工厂	187	承担	33
异常	67	调查	185	中国	33
环保	65	部门	177	法院	30
监测	65	报告	168	自然	30
化工厂	64	媒体	164	受理费	30
建设	63	央视	160	部门	29

续表

人民网		微信公众号		凤凰资讯	
化工	63	新闻	158	事件	29
媒体	58	健康	153	治理	28
部门	55	环保	149	奖励	27
污染物	53	孩子	146	学生	27

三种媒介各自强调和关注的重点问题排序有很大不同。人民网前五位高频词依次为"污染""土壤""学校""环境""修复"，强调污染原因追问、土壤问题、学校环境影响和重点如何解决问题，修复环境问题。微信公众号前五位的高频词依次为："学校""污染""常州""学生""环境"，表达对责任主体学校毒地污染问题和所在地域的内容聚焦，此外，格外强调对学生造成的身体影响和环境问题。凤凰资讯排在前五位的依次为："污染""环境""公益""诉讼""土壤"，除关注土壤造成的环境污染问题外，还注重从公益诉讼的法律角度进行话题构建。

人民网中出现的一些高频特殊词如"风险""企业""工程""土地""监测""建设"，体现出在涉事企业、工程建设、土地监测方面的内容构建，尤其从多个层面反映了事件中存在的学校选址、土地修复、环境保护、个人身体健康、评估论证等方面存在的风险，提醒人们关注由环境风险转化为社会风险的可能性，话题设置范围较宽。微信公众号中出现的特殊高频词"地下水""报告""央视""新闻""健康""孩子"，视角从事件微观层面和媒体报道方面关切问题。凤凰资讯特殊词语较多，主要围绕法律层面如"公益""诉讼""诉讼费""受理费""法院""举报""周建刚""原告"等方面构建话题，强调依法进行社会治理尤其是环境污染事件的必要性。另一方面围绕事件后续影响衍生话题如"跑道""奖励""社会""自然"等方面，对类似土地环境污染问题和举报人奖励等进行了社会性话题构建。

3. 王宝强离婚事件

2016年8月14日，王宝强在微博上发布与马蓉解除婚姻关系的声明之后，引起媒体和公众的关注。人民网在该事件中第一时间跟踪报道，反应速度较快，凤凰资讯则在2017年才开始跟踪报道，微信公众号在2018年开始聚焦内容。三种媒介中，微信公众号内容聚集度最高，其次为人民网，最后是凤凰资讯。从表3-12中可以看到，三者总体在内容构建上有较强的一致性，体现在：一是从排序前5位高频词来看，有4个词语内容一致，包括"王宝强""离婚""马蓉""法院"。三种媒介排在第一位的高频词都是"王宝强"，充分体现他作为公众人物辨识度较高。人民网与微信公众号排序前3位的高频词内容顺序完全一致；与凤凰资讯内容一致，排序稍有差别，前两位强调当事双方，其次是离婚。人民网和凤凰资讯排在第4、5位的高频词内容顺序完全一致，都是"法院""财产"。

表3-12 王宝强离婚事件文本高频词比较

人民网		微信公众号		凤凰资讯	
王宝强	1102	王宝强	1815	王宝强	688
离婚	565	离婚	821	马蓉	355
马蓉	294	马蓉	809	离婚	299
法院	272	孩子	411	法院	147
财产	234	法院	371	财产	107
媒体	230	婚姻	340	判决	96

续表

人民网		微信公众号		凤凰资讯	
新闻	222	判决	339	律师	85
电影	210	出轨	264	宋喆	78
事件	168	关系	260	关系	77
关系	161	上诉	237	审理	63
声明	156	声明	226	婚姻	60
法律	150	一审	222	马蓉的	59
网友	144	审理	217	北京	59
律师	140	名誉权	202	双方	58
婚姻	134	证据	198	名誉权	57
夫妻	130	双方	173	媒体	53
出轨	122	马蓉的	168	一审	49
导演	122	公开	163	导演	49
孩子	116	宣判	155	抚养	48
社会	111	夫妻	155	转移	47
中国	106	认定	148	母亲	46
宝宝	101	问题	147	宣判	46
责编	99	家庭	145	诉讼	45
起诉	97	抚养	145	父亲	44
分析	94	事情	137	电影	43
分割	93	财产	195	股东	42
北京	90	宋喆	136	孩子	41
妻子	90	媒体	124	分割	41
天竺	88	请求	121	人物	40
经纪人	83	时间	116	网友	39

二是三种媒介都体现出的高频词有"王宝强""离婚""马蓉""法院""财产""媒体""关系""婚姻""孩子"等，主要围绕当事

人、离婚情况、婚姻问题、人物关系、财产分割、孩子抚养、媒体反应等方面进行了内容构建。

三者之间的差别体现在以下几方面：一是从排序上看，人民网在对王宝强离婚事件追踪的同时，对后续法院进程、财产分割、媒体反响、新电影拍摄发布、人物关系、相关法律、网络评论等着重进行了议题设置。微信公众号在对事件强烈关注的同时，格外对孩子抚养及离婚和舆论对孩子影响、法院判决、婚姻出轨、婚姻关系、马蓉上诉名誉权等方面问题进行了议程设置。凤凰资讯则在事件跟踪基础上着重对法院判决、财产情况、律师观点与分析、第三者与两人关系等表达了关切。

二是从特殊词语来看，人民网中特殊词较多，如"新闻""事件""法律""社会""中国""宝宝""责编""起诉""分析""妻子""天竺""经纪人"等，其中有5个词概括性较强，偏于从社会整体层面审视事件、注重事件的社会影响，其余词语则从事件本身围绕理性分析、当事人动态追踪等微观层面设置议题。微信公众号中的特殊词包括"上诉""证据""公开""认定""问题""家庭""事情""请求""时间"等，从微观细节层面围绕离婚的诉讼请求、财产与婚姻家庭关系、相关证据、法院认定、时间进程、公开与否等进行了话题设置。凤凰资讯中的特殊词如"转移""母亲""父亲""股东"等，从财产转移、马蓉和经纪人父母表现等进行了内容构建。

（二）时效性较强的网络社会热点事件

通过统计分析三种媒介对事件关注反应速度和时间可以看到：在事件发生后较短的时间内给予关注并迅速形成内容构建高潮，之后关

123

注度下降较快，持续时间较短，如女游客虎园下车遇袭、陕西榆林产妇跳楼事件、徐玉玉被电信诈骗猝死事件等，这类事件由于是特殊个案、时效性要求较高。

1. 徐玉玉被电信诈骗案事件

2016年8月19日，山东省临沂市高考录取新生徐玉玉被犯罪嫌疑人以发放助学金的名义，实施电信诈骗骗走9900元。徐玉玉与父亲到公安机关报案后，回家途中心脏骤停，经送医院抢救无效死亡。该事件发生后，引起社会广泛关注电信诈骗相关问题。2017年7月，山东省临沂市中级人民法院一审以诈骗罪、侵犯公民个人信息罪决定对被告人陈文辉执行无期徒刑，剥夺政治权利终身，并处没收个人全部财产。

表3-13 徐玉玉被电信诈骗案文本高频词比较

人民网		微信公众号		凤凰资讯	
诈骗	1082	徐玉玉	1126	诈骗	607
电信	881	诈骗	1083	徐玉玉	589
犯罪	547	电信	699	电信	399
徐玉玉	456	被告人	522	被告人	382
机关	302	犯罪	519	陈文辉	343
诈骗案	242	陈文辉	462	犯罪	282
案件	231	临沂市	410	临沂市	195
泄露	217	嫌疑人	354	公民	181
运营	214	学生	317	诈骗案	170
检察	204	山东省	297	学生	156
安全	204	诈骗案	286	死亡	151
打击	203	公民	274	山东省	150

续表

人民网		微信公众号		凤凰资讯	
社会	202	机关	249	人民法院	149
公安	196	山东	245	人民	145
嫌疑人	193	人民	222	诈骗罪	117
部门	193	检察院	221	中级	109
人民	163	死亡	218	依法	109
被骗	153	案件	208	侵犯	108
号码	151	诈骗罪	200	人员	108
检察院	149	助学金	192	一审	106
山东	149	人民法院	191	并处	105
侦查	148	并处	191	郑金锋	105
非法	148	郑贤聪	190	拨打	101
学生	143	有期徒刑	177	非法	100
依法	142	被骗	175	郑贤聪	99
法律	141	高考	174	检察院	97
问题	137	熊超	171	高考	95
虚拟	136	拨打	170	机关	94
公民	136	人员	169	宣判	92
数据	128	郑金锋	167	陈宝生	90

从表3-13中可以看到，微信公众号和人民网对该事件议程设置较多，凤凰资讯内容设置相对较少。人民网和凤凰资讯词频最高的都是"诈骗"，对诈骗行为和途径及手段给予了强烈关注。微信公众号词频最高的是山东临沂高考录取新生"徐玉玉"，对个人遭遇表达强烈关切。人民网排在第二至六位的高频词分别是"电信""犯罪""徐玉玉""机关""诈骗案"，对电信行业存在黑色利益链条、犯罪行为、受害个人、政府机关应对处置、诈骗案审理判决等方面给予了重点关

125

注。微信公众号和凤凰资讯排在第二至六位的高频词中有4个词语较一致，分别是"电信""被告人""犯罪"和"陈文辉"，表达了诈骗行为对受害人影响、电信行业问题、犯罪主体、被告人等依法处理情况等方面的强烈关注。三种渠道对事件反映与构建内容较为一致的词包括："诈骗""电信""徐玉玉""犯罪""诈骗案""案件""学生""人民"等，对事件本身集中进行了多角度内容构建。

从词语的特殊性上看，人民网高频词中的特殊词较多，如"泄露""运营""检察""安全""打击""社会""公安""部门""号码""侦查""法律""问题""虚拟"等，充分反映出作为官方主流媒体对相关部门行为举措方面设置话题较多。微信公众号中特殊词语不多，只有"助学金""有期徒刑""熊超"三个词，体现了助学金对当事人影响和罪犯量刑处理方面的重点关注。凤凰资讯中特殊词如"中级""侵犯""一审""宣判"等，着重强调对司法审判问题的关注。

2. 女游客虎园下车遇袭事件

2016年7月23日15时许，北京八达岭野生动物园，32岁女游客赵某中途下车，被老虎拖走，其母周某下车去追再遭老虎咬住。周某死亡，赵某受伤。该事件属于典型的由个体行为失范导致严重后果的非生产安全责任事故，在网络中引起了人们的关注和讨论。

在该事件中，三种媒体内容构建方面一致性较强，排在第一位的高频词都是"动物园"，微信公众号与凤凰资讯排在第二位至第四位的高频词内容完全一致，都是"游客""野生""老虎"。三种媒体都出现的高频词较多，包括"动物园""老虎""野生""八达岭""游客""下车""安全""动物""猛兽""事件""人员""延庆""园区""游览""规定""事发""死亡"等,都围绕事件发生地点、园区游览规定、猛兽园区管理人员、游客下车行为及后果等方面进行了内容构建。

表3-14 女游客虎园下车遇袭事件文本高频词比较

人民网		微信公众号		凤凰资讯	
动物园	289	动物园	964	动物园	582
老虎	283	游客	930	游客	503
下车	277	野生	917	野生	406
野生	244	老虎	783	老虎	319
游客	225	下车	695	八达岭	298
安全	188	八达岭	674	下车	268
八达岭	181	动物	548	北京	255
赵女士	123	安全	390	动物	244
动物	116	猛兽	318	赵女士	186
北京	111	女子	310	人员	175
事件	108	事件	301	猛兽	165
调查	94	北京	289	安全	145
延庆	91	延庆	242	母亲	135
人员	88	人员	237	车窗	126
女子	74	调查	214	黑熊	125
园区	72	园区	207	园区	119
猛兽	71	东北虎	195	事件	114
事故	65	规定	192	延庆	104
伤者	61	游览	184	赵菁	97
东北虎	57	医院	184	游览	91
游览	56	年轻	170	法院	88
规定	54	事发	151	开窗	87

续表

人民网		微信公众号		凤凰资讯	
事发	54	人事	147	网友	86
受伤	53	袭击	145	事发	84
母亲	52	受伤	143	陈先生	83
死亡	49	死亡	137	规定	70
管理	48	严禁	136	事故	66
人事	47	公园	129	死亡	66
法院	46	园内	128	被告	66
规则	44	攻击	118	劝阻	65

三者在内容构建方面差异性也较为明显，体现在：一是强调重点各有不同，排序有一定的差异。人民网排在第二位的高频词是"老虎"，对老虎作为猛兽的特点及攻击性给予了强调；其次对"下车"行为动作表达了强烈关注和聚焦；然后是"野生""游客""安全"，从游客对野生动物园游览安全意识、个体行为方面进行内容建构。而微信公众号和凤凰资讯则首先从事件涉及的动物园和游客双方主体性都进行了内容聚焦；其次才是"野生""老虎"；然后是对"下车"行为和出事地点"八达岭"的关注和强调。二是从特殊高频词来看，人民网中出现的特殊词较少，仅有"伤者""管理""规则"三个词，从中可以反映出对伤者和动物园管理两方面行为责任的关注，同时从宏观上强调游客应加强社会规则意识，提高行为约束，避免悲剧的发生。微信公众号当中的特殊词较多，如"医院""年轻""袭击""严禁""公园""园内""攻击"等，从微观层面围绕年轻的受伤者医院救治情况、老虎袭击或攻击行为、公园园内发生事故的责任认定、猛兽观赏区严禁游客下车规定等热点问题展开话题。凤凰资讯高频词中

的特殊词也较多,包括"车窗""开窗""黑熊""网友""陈先生""被告""劝阻"等,主要从该事件后续影响、类似事件如游客开窗黑熊爪伸进车内、当事人和动物园作为被告反应态度等进行内容构建。

3. 陕西榆林产妇跳楼事件

2017年8月31日,陕西榆林的一位产妇,在分娩时无法忍受疼痛并多次提出剖宫产未果的情况下,选择跳楼结束了自己的生命。这一悲剧,引发了人们对产妇、家属、医院三方角色的讨论。

表3-15 陕西榆林产妇跳楼事件文本高频词比较

人民网		微信公众号		凤凰资讯	
产妇	204	产妇	1353	产妇	975
家属	179	家属	915	家属	685
医院	150	医院	708	医院	546
医疗	95	事件	396	榆林	252
患者	92	榆林	394	剖宫产	252
剖宫产	70	剖宫产	377	剖腹产	249
事件	69	跳楼	346	医生	241
榆林	68	分娩	342	跳楼	240
同意	67	患者	333	分娩	224
医生	62	同意	324	同意	215
分娩	60	人员	298	患者	203
签字	55	医生	284	事件	183
待产	51	剖腹产	255	签字	179
手术	47	待产	252	手术	173
调查	46	医疗	222	待产	168
跳楼	46	绥德	219	拒绝	163
机构	43	手术	219	顺产	156

续表

人民网		微信公众号		凤凰资讯	
人员	42	顺产	208	医疗	145
自杀	38	拒绝	206	孕妇	129
拒绝	38	说明	193	人员	128
条例	33	孕妇	180	疼痛	126
剖腹产	32	签字	175	绥德	114
问题	31	疼痛	174	丈夫	114
孕妇	30	调查	169	说明	108
抢救	30	丈夫	146	院方	97
顺产	28	建议	144	调查	94
应当	28	身亡	137	建议	93
说明	27	医护	136	妇产科	93
镇痛	27	胎儿	136	声明	89
疼痛	27	抢救	136	身亡	88

在该事件中，微信公众号议题设置最多，其次是凤凰资讯，人民网内容设置最少。从表3-15中可以看到，三者之间内容一致的高频词包括："产妇""家属""医院""榆林""剖宫产""跳楼""分娩""同意""医生""签字""事件""待产""手术""人员""拒绝""孕妇""顺产""说明""疼痛""调查"，三者都对事件发生的地点，产妇、家属和医院三方责任，医疗过程的合理性，家属对顺产的坚持与拒绝签字，产妇自身的态度与行为，事件调查等内容进行了话题设置。在该事件中，三种媒介话语内容的一致性程度较高，人民网、微信公众号和凤凰资讯前3位高频词内容排序完全相同，都对"产妇""家属""医院"三方在事件发生时的行为态度给予强调和关切。

面对同一事件，三者之间也存在较多差异性，体现在：一是从排序上看，人民网排在第四至八位的高频词较为关注医疗规范、患者决策权和保护机制、剖腹产决策过程和事件发生情况等；微信公众号排在第四至八位的高频词聚焦了事件跟踪、地点、剖宫产相关问题及跳楼原因等方面情况；两者排序正好相反，反映出对事件突发性意外的关注。凤凰资讯关注和强调了事件地点、剖腹（宫）产相关情况、涉事医生处置等问题。二是从特殊词可以看到，该事件中三种媒介特殊词相对较少，话语内容一致性较强。人民网相对多一些，包括"机构""条例""问题""应当""镇痛"，对医疗机构管理条例是否健全，医院相关工作人员防范突发事件的意识不强、监护不到位等问题，家属签字的应当性和镇痛处置等方面构建了议题。微信公众号中的特殊词包括"医护""胎儿""抢救"，对医护人员行为、胎儿与顺产和剖腹产关系、抢救情况等格外予以关注。凤凰资讯仅有两个特殊词"院方""妇产科"对医院方态度及妇产科对孕妇医疗处置等进行了话题设置。

二、文本语义价值分析

在对文本词频分析的基础上，为更直观把握三种媒介在突发事件中的社会主义核心价值观构建内容，对每一个事件的文本分别进行社会语义网络分析，主要通过计算机与人工方式相结合，对社会主义核心价值观三个层面12个词进行语义理解分析，在事件的关系中把握不同主体的价值诉求。从选取的网络社会热点事件类型看，主要包括三类，分别是对司法进程有重大影响、医疗卫生与健康安全、伦理道德与行为失范类事件。

（一）影响推动司法进程类社会热点事件语义价值分析

2019年11月，党的十九届四中全会指出："必须坚定不移走中国特色社会主义法治道路，全面推进依法治国，坚持依法治国、依法执政、依法行政共同推进，坚持法治国家、法治政府、法治社会一体建设，加快形成完备的法律规范体系、高效的法治实施体系、严密的法治监督体系、有力的法治保障体系，加快形成完善的党内法规体系，全面推进科学立法、严格执法、公正司法、全民守法，推进法治中国建设。"同时强调："深化司法体制综合配套改革，完善审判制度、检察制度，全面落实司法责任制，完善律师制度，加强对司法活动的监督，确保司法公正高效权威，努力让人民群众在每一个司法案件中感受到公平正义。"[①] 近年来司法类社会热点事件逐渐增多，反映出立法、执法、守法等方面存在的问题与不完善之处。法治中国建设的推进是一个动态的过程，需要多方力量相互配合、共同推进，人民群众也是推动司法进程的重要力量，许多司法问题的发现与聚焦都是从人民群众的切实经历中体现出来的，因此一些社会热点案件具有典型特征，如徐玉玉被电信诈骗案和山东辱母杀人案等。

1. 徐玉玉被电信诈骗案

2016年8月19日，即将踏入大学的山东女孩徐玉玉，接到一通陌生电话，被骗走9900元学费，在报警回家的路上，突然心脏骤停，抢救无效死亡。山东女大学生"徐玉玉案"惊动全国，电信诈骗和个

[①] 中共中央关于坚持和完善中国特色社会主义制度 推进国家治理体系和治理能力现代化若干重大问题的决定［EB/OL］．新华网，2019-11-05.

第三章 网络社会热点中的社会主义核心价值观引导与构建研究

人信息安全问题成为威胁公民权利和公共安全的重大挑战。

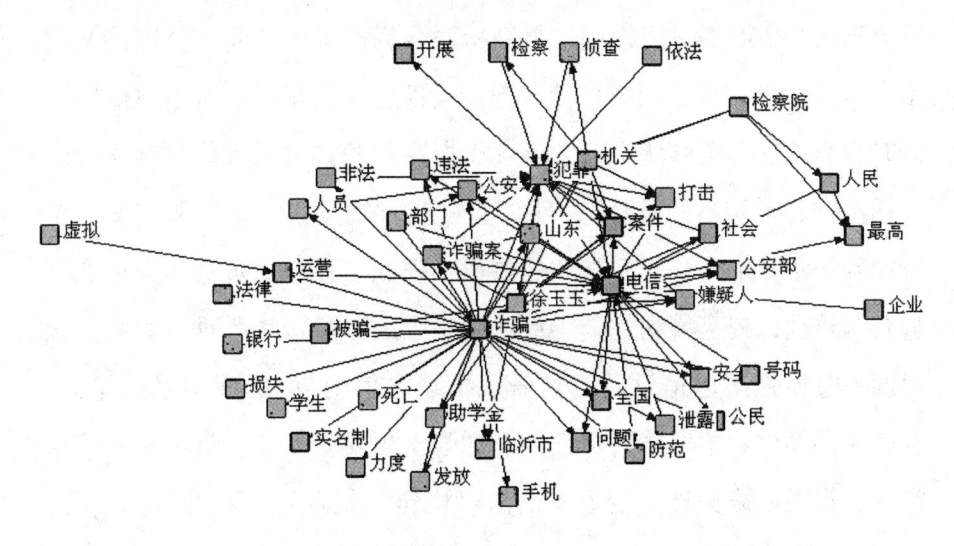

图 3-1 徐玉玉被电信诈骗案——人民网社会语义网络分析

从图 3-1 中可以看到，人民网以徐玉玉被电信诈骗为中心，辐射出打击犯罪、案件侦查督办、犯罪嫌疑人抓捕、诈骗案审理情况追踪、电信运营商存在问题、监管部门漏洞、个人信息泄露与安全情况、教育部门防范教育等一系列内容，充分反映案件进展、政府相关部门防范打击电信诈骗行动、立法层面与时俱进、个人信息安全、电信诈骗社会影响等多方面情况。

在基于客观事实信息跟踪和公开的基础上，人民网主要从"富强""和谐""文明""法治""公正""平等""敬业""诚信""友善"等维度构建社会主义核心价值观。从"法治"社会主义核心价值观构建方面，徐玉玉被电信诈骗案件在社会层面对推动司法进程具有重要影响，人民网从立法层面网络实名制实行、《中华人民共和国网络安全法》的出台、民法原则审议等对个人信息安全保护机制进行了完善与加强；执法层面，对相关部门打击治理电信网络新型违法犯罪专项行动、成果，案件侦查，相关部门监管等进行了内容构建。尤其针对刑法第266条适用模糊，最高检联合最高人民法院、公安部共同出台《关于办理电信网络诈骗等刑事案件适用法律若干问题的意见》。同时最高检又与最高法出台了《关于办理侵犯公民个人信息刑事案件适用法律若干问题的解释》，使公检法在打击电信诈骗犯罪方面有了较明确的法律准绳。同时在守法层面，强调加强公民防范和安全意识教育与培训，提高警惕性，避免诈骗给个人生活带来严重的影响。人民网通过加强对电信运营商监管、推动电信用户100%实名制登记、挂牌督办案件、落实普法责任制、加强学生安全教育、防止个人信息泄露、提高网络信息安全等方面内容构建"敬业""和谐""文明""平等"等价值观。通过关注诈骗团伙利用技术手段获取个人信息、实施诈骗行为、骗子为什么会得手的心理原因分析、身份核实难度大、提醒高考学生家长防骗策略等内容构建"诚信""友善"等价值观。此外，通过及时公布案情进展和打击电信诈骗行动成果、公开诈骗手段与陷阱、加强政府部门之间及与企业合作、电信诈骗带来的经济损失、科技手段加强干预防控、安全运维投入、成立打击治理电信网络新型违法犯罪查控中心等机构塑造"公正""富强"等价值观。

　　从图3-2中可以看到，微信公众号围绕徐玉玉、电信、诈骗、犯罪嫌疑人、被告人、公民、山东省临沂市等为核心进行内容构建，重点涉及案件宣判、侦破、审理、个人信息泄露原因、途径追问、个人信息安全，部门监管及问责机制，提示防范诈骗等方面设置议题。

　　微信公众号主要围绕"富强""和谐""文明"，"法治""公正""平等""敬业""诚信""友善"等方面进行话语价值构建。在价值诉求方面，首先对"法治"社会构建表达了强烈关切，围绕案件侦查、检察机关公诉、法院审判、电信犯罪成本与量刑不足、普法宣传、侵犯个人信息隐私、法律法规完善等多角度表达新时期加强法治体系建设的必要性。通过对个人信息泄露原因途径、责任追究、电信运营商实名制落实问题、犯罪嫌疑人抓捕、打击电信诈骗行动等方面话语构建，表达"敬业""和谐"的价值理念。

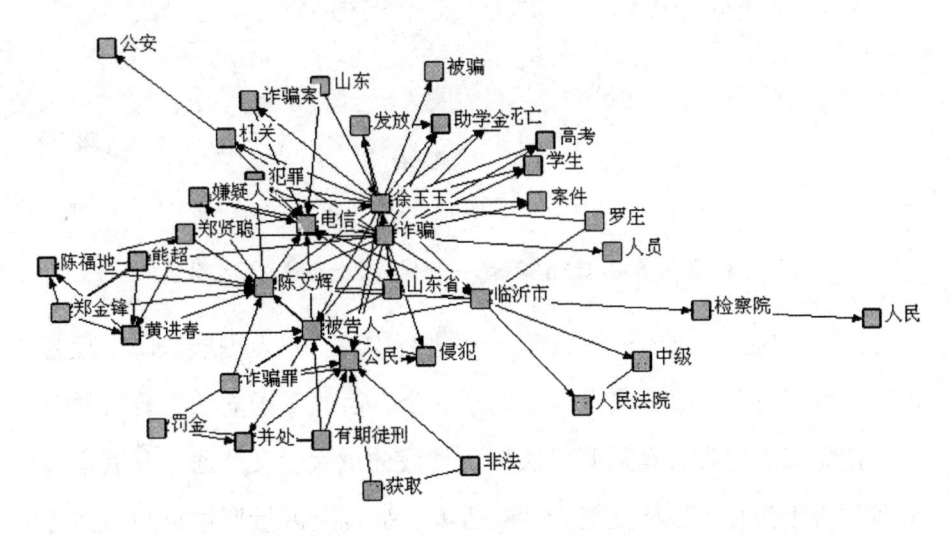

图3-2 徐玉玉被电信诈骗案——微信公众号社会语义网络分析

围绕公开审理、记者调查真相的如实呈现、民警解释答疑、电信诈骗产业链对社会诚信体系和社会和谐稳定的破坏及学生安全的威胁，提示人们增强防范意识，防止侵害人民群众财产安全和合法权益，构建"公正""诚信""和谐""友善"的价值观。

从图3-3中可以看到，凤凰资讯主要围绕徐玉玉被电信诈骗、主犯陈文辉及其他被告人获刑情况、犯罪行为、学生信息安全、公民个人隐私被侵犯等话题进行了内容构建。

社会主义核心价值观方面，主要围绕"和谐""法治""平等"

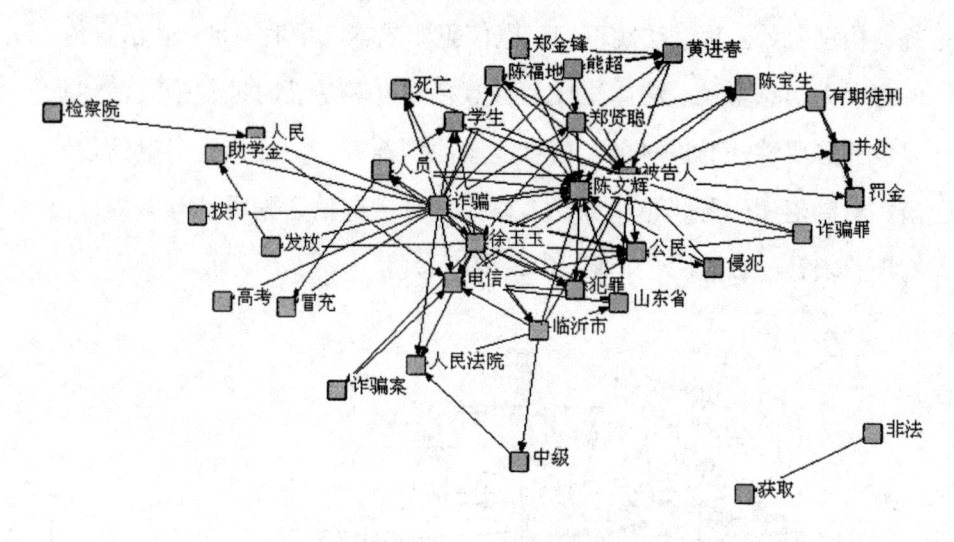

图 3-3 徐玉玉被电信诈骗案——凤凰资讯社会语义网络分析

"公正""敬业""诚信""友善"等进行构建。重点围绕法院受理与判决、庭审情况、具体量刑考虑因素、个人信息保护立法、普法教育与法治意识等内容着重强调"法治"建设的重大意义。通过开庭审理时各界人士旁听、顶格处罚严惩被告人、被告上诉量刑过重与驳回等方面构建"公正""平等"的价值观。对相关部门介入案件、实施专项打击、执法行动高效、责任追究与认定、个人信息保护漏洞制度填补、围剿诈骗手段、常态化治理联动等传达"敬业""和谐""诚信"的价值理念。

总之，该案件中，人民网话语价值构建内容较为立体全面，微信公众号对问题聚焦与微观层面话语价值构建较为丰富，凤凰资讯主题设置内容较为集中。山东徐玉玉案是我国近年较为突出的机制化、矩阵化回应社会关切和舆情热点的典型案例，针对社会关切的热点敏感事件开展集中整治，推动社会法治进步，也预示着我国各级党政机关政务、舆情回应的制度化、组织化和规范化建设进入新阶段。

2. 山东辱母杀人案

山东于欢"辱母杀人案",一审法院认定被告人于欢捅刺被害人不存在正当防卫意义上的不法侵害前提,以故意伤害罪判处于欢无期徒刑。于欢上诉后,山东省高级人民法院于2017年6月作出二审判决,认定于欢构成故意伤害罪,但属于防卫过当,改判有期徒刑五年。

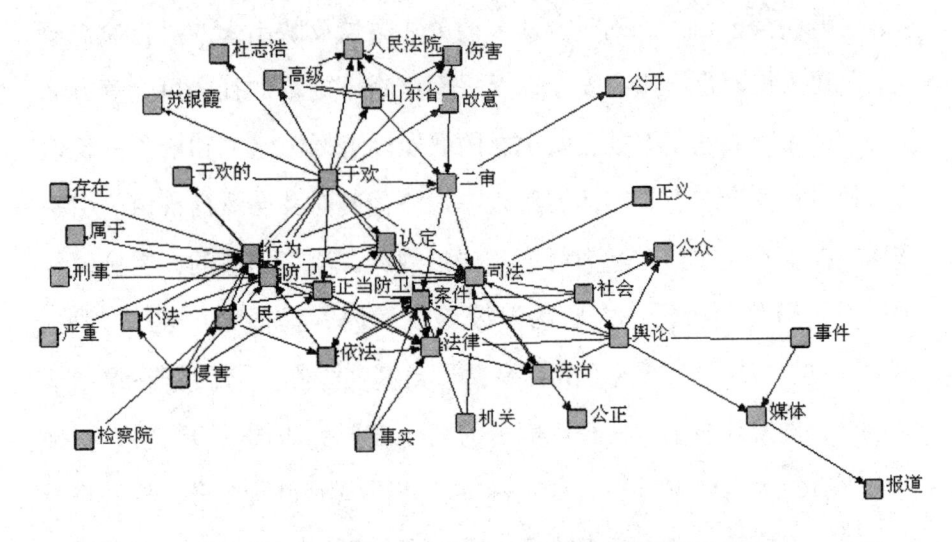

图 3-4　山东辱母杀人案——人民网社会语义网络分析

该案集中体现了人伦与法理的冲突,对于司法实践层面认定正当防卫具有重要的指导意义。从图3-4中可以看到,人民网主要以于欢、司法、案件、法律、防卫与正当防卫、行为、认定、舆论、二审、依法等为核心进行内容构建,突出强调了法治社会建设进程中的舆论与司法之间的关系、具体实践中的司法解释与认定、依法治理与人文关怀之间关系等问题的讨论。在社会主义核心价值观构建方面,突出强调了"法治""公正""和谐""文明""自由""平等""敬业""友善"等价值观。在"法治"价值观构建中,重点围绕该案件反映

137

出来的正当防卫法理依据、构成条件、防卫的紧迫性,社会争议焦点:正当防卫还是防卫过当问题,正当防卫量刑确定等方面内容进行了引导与构建,推动司法层面统一正当防卫的司法适用标准,推动法治社会、法治体系的完善。对"公正"价值理念主要从还原真相、证据审查、案件调查追踪、公权力监督、公开审理、回应关切等方面聚焦问题,在依法公开相关案情的基础上满足人民群众对公平正义的价值诉求,提升司法公信力。同时,从人们关注案情反映出来的对生命健康权、公民人格尊严、生命安全以及民间借贷不规范的社会风险等方面的关切,集中表达了对社会安全感的强烈诉求,构建"和谐"的价值观。通过对社会要有足够的容纳度,司法裁判对社会风尚价值的引领作用发挥,不文明乃至暴力行为的法治规约,法律内蕴的人文价值与关怀,弘扬美德善行,人心的温度等方面内容提倡和构建"文明""友善"的核心价值观。2018年9月,最高法发布了《关于在司法解释中全面贯彻社会主义核心价值观的工作规划(2018—2023)》,明确提出要适时出台防卫过当的认定标准、处罚原则和见义勇为相关纠纷的法律适用标准,鼓励正当防卫,保护见义勇为者的合法权益。此外,还聚焦对涉事干警执法过程和处置行为,相关部门对待案件的立场态度,对借贷平台政府监管等方面塑造"敬业""诚信"的价值态度,提高政府公信力。

通过图3-5可以看到,微信公众号中话语内容围绕于欢与于欢的母亲苏银霞就于欢行为是否属于防卫、正当防卫或故意伤害形成了多点辐射,重点对案情细节和进展:一审判决的社会影响与存在问题,二审焦点与判决结果,相关部门回应社会关切情况等进行了内容构建。

在社会主义核心价值观方面,重点对"公正""法治""敬业"

<<< 第三章 网络社会热点中的社会主义核心价值观引导与构建研究

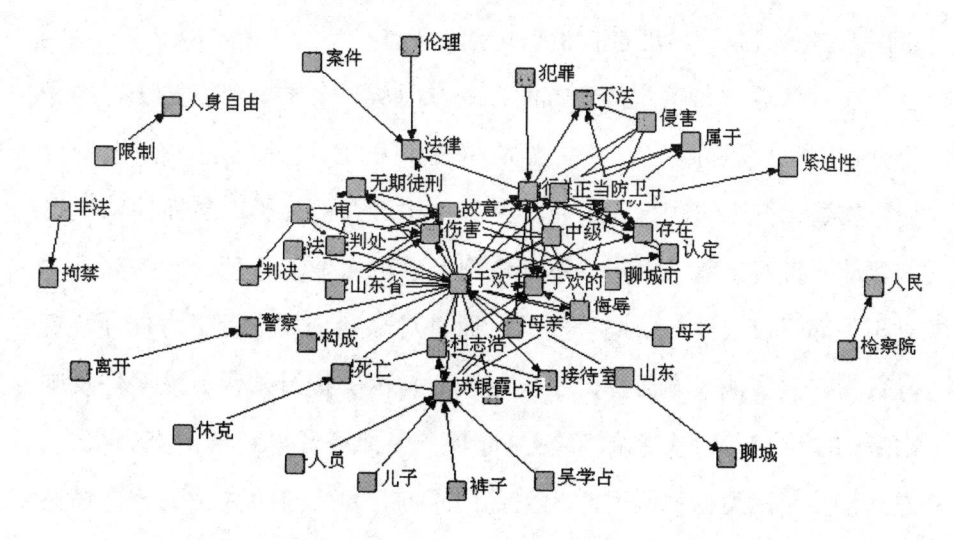

图3-5 山东辱母杀人案——微信公众号社会语义网络分析

"诚信""文明""和谐""友善""平等""自由"等进行了内容构建。2017年2月17日,山东省聊城市中级人民法院一审以故意伤害罪判处于欢无期徒刑。一审宣判之后引发了公众对该案件的普遍关注和质疑。微信公众号在"法治"价值观塑造中,集中对于欢行为与伦理情景的认定、防卫的证明与法理基础、执法行为审查、高利贷涉黑团伙被公诉、当事人反映细节等方面进行了话语构建。对"公正"价值观构建主要从两方面进行:一是对宏观方面司法公正表达强烈关切,主要从司法部门尤其是权威司法部门如最高人民检察院、最高人民法院回应发声,全面审查、公开宣判、依法调查处理、涉事部门回避、司法鉴定等方面的进展情况表达对案件涉及公平正义的审慎应对与处理,提高司法公信力;二是从人民群众对公平正义的价值诉求与期待视角,反映人们对案件事实真相的追问,对舆论中法不能向不法低头的正义价值诉求,案情细节的公开和如何处理依法独立公正与尊

139

重民意之间关系等角度进行价值构建。

在"敬业"价值观构建方面，一方面从公众质疑警察执法行为是否存在失职渎职行为；另一方面从相关部门如何正视问题、依法调查、回应质疑、打击非法行为，尤其是案件中涉及的涉黑人员抓捕情况等构建敢于负责、勇于承担、不断学习完善的敬业价值理念，提高人们对相关部门权威性的认同。此外，通过对高利贷放贷者暴力催债、侮辱行为、侵害他人人格尊严、限制人身自由等进行谴责，该案件反映出来的法律与伦理关系的审视与进步，多种声音得到自由充分表达，虚心接受网民意见，网民对相关部门正向评价、尊重人民的朴素情感和基本道德诉求等构建"文明""和谐""诚信""自由""友善"的价值观。

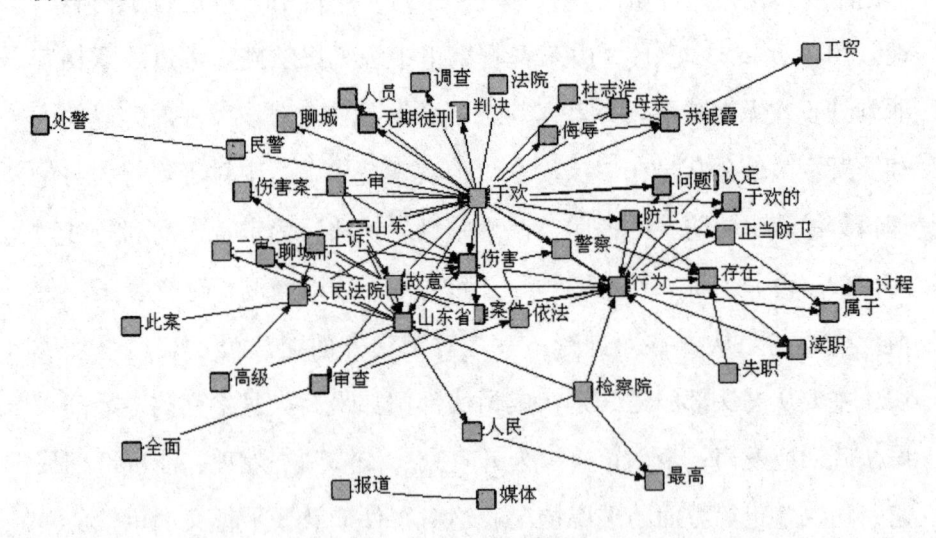

图3-6　山东辱母杀人案——凤凰资讯社会语义网络分析

从图3-6中可以看到，凤凰资讯主要围绕于欢、行为、故意、伤害、山东省等为核心构建话语内容，集中从一审宣判后民众对相关问题质疑，二审宣判和相关部门介入审理调查案件，历史案件审判借鉴、涉事各方情况现状等进行话题设置。

在社会主义核心价值观上，主要围绕"法治""公正""平等""敬业""文明""和谐""诚信""友善""自由"等进行了价值构建。在"法治"价值观构建中，主要通过多角度审视问题，如一审判决量刑过重问题、正当防卫与防卫认定、法律条文的情理审视、涉黑因素考虑、玩忽职守罪认定等内容表达对依法治国的强烈关切。通过对相关部门全面介入审查调查案件事实与证据、对执法干警处理行为进行立案审查、打击黑社会团伙、领导责任追究、公开宣判、正义的理据等方面构建"公正""敬业"的价值观。在"文明"价值构建中，主要通过谴责暴力催讨行为、倡导网络围观文明行为、正向评价权威部门积极理性回应与开放包容面对民意和直面问题的进步等方式进行构建。通过公众同理心、民众同情于欢自发捐款、设身处地考虑行为选择、各方意见充分发表、案件对自身安全问题的联想与代入、司法信任等问题表达对"和谐""友善""平等""自由""诚信"等价值期待与诉求。

从三种媒介价值引导广度与深度来看，人民网构建层次和深度较为突出，微信公众号次之，凤凰资讯议程设置相对较少并且集中。在价值构建中一致性较高，都对刑法正当防卫制度的深入理解和具体适用进行了集中论述，对于推动司法进程具有重大意义。最终二审判定于欢的行为性质系防卫过当，既坚守了法律底线，也理性回应了公众的期待。

（二）医疗卫生与健康安全类社会热点事件语义价值分析

党的十九大报告指出："我国社会主要矛盾已经转化为人民日益

141

增长的美好生活需要和不平衡不充分的发展之间的矛盾。"近年来，随着人们生活水平的提高，对涉及美好生活的医疗卫生健康有了更多期待和更高要求。党的十八大以来，提出了健康国家建设的战略目标，把健康中国建设上升为国家战略，把健康置于优先发展的位置，提出了"没有全民健康，就没有全面小康"。党的十九大报告在此基础上进一步提出了"人民健康是民族昌盛和国家富强的重要标志"的论断，提出"实施健康中国战略。要完善国民健康政策，为人民群众提供全方位全周期健康服务"。由于需求与供给之间还存在不平衡不充分之处，体制机制有待进一步完善，因此，医疗卫生健康类事件也常常成为社会舆论关注的热点，如"毒地"事件和医疗卫生责任事件等。

1. 常州外国语学校毒地事件

当前我国已进入环境舆情事件的高发期。修复过程中的二次污染伤人，已出现"常外毒地"这个标志性事件。

从图 3-7 中可以看到，人民网主要围绕两个方面进行了议程设置：一是以土壤、污染、修复、环境为核心进行话语内容构建，从宏观监管、法治建设、环境安全、生态文明等层面审视事件问题与影响；二是从微观层面围绕常州外国语学校在事件中的反应、学生身体异常情况与健康、土地污染防治方面的问题等进行。

在社会主义核心价值观方面，主要围绕"和谐""文明""富强""法治""公正""平等""敬业""诚信""友善"等进行构建。在"和谐"价值观构建中，人民网通过公众对毒地修复带来的环境焦虑，学生身体异常和健康安全风险，环境污染与治理等方面强调人居环境安全的和谐价值目标。通过生态文明建设与污染防治、学校应理性回

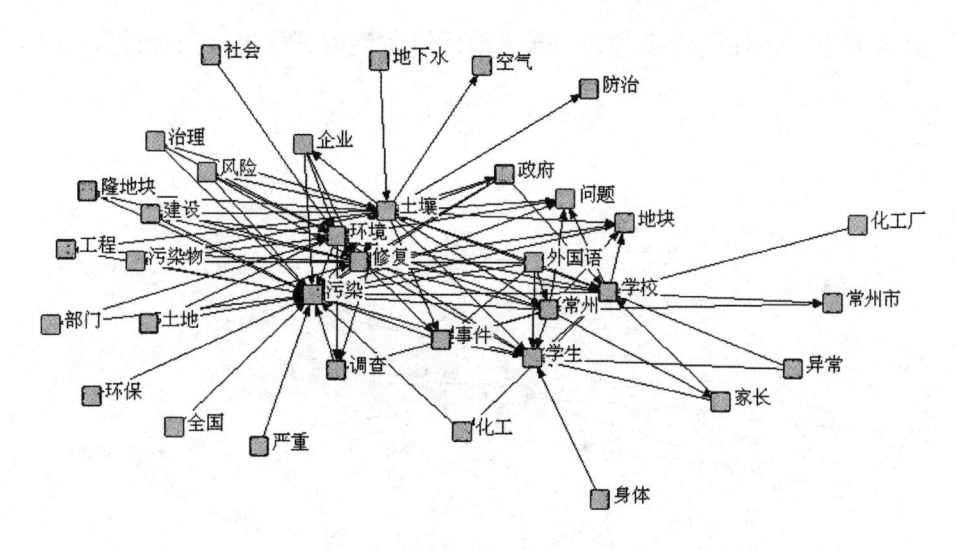

>>> 第三章 网络社会热点中的社会主义核心价值观引导与构建研究

图3-7 常州外国语学校毒地事件——人民网社会语义网络分析

应、普法宣传教育、对学生与家长人文关怀等方面构建"文明""友善"的价值理念。在"富强"价值观构建中，主要围绕土壤修复成本、资金来源、科技创新等方面进行。对于"法治"价值理念，人民网主要从立法层面完善，如我国首部土壤污染防治的专门法律——《中华人民共和国土壤污染防治法（草案）》提请全国人大常委会审议。执法层面，强调加强部门监管与联动，加大非法项目、违法用地、土地污染责任追究等方面打击力度。如2016年5月31日，国务院印发《土壤污染防治行动计划》，将保障人居环境安全列为土壤污染防治两大目标之一，对土壤修复技术的选用和二次污染的控制都提出了严格的要求，这是土壤污染治理系统工程的开启。守法层面强调政府、企业、民众对法律的尊重与维护。在"公正"价值理念方面，通过土壤污染治理信息公开、调查事实真相、舆论监督等进行塑造。此外，人民网还强调"敬业""诚信"等价值理念的构建，围绕常州外国语学校毒地事件中学校回应不客观、推诿等问题，政府应对、相关部委

143

介入调查、领导责任追究、加强土地污染防治监管等进行议程设置。

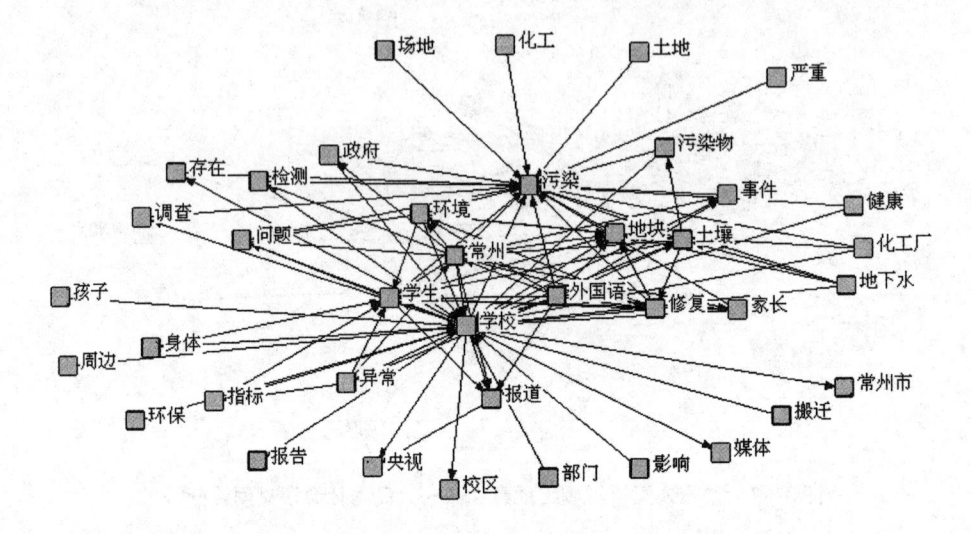

图3-8 常州外国语学校毒地事件——微信公众号社会语义网络分析

从图3-8中可以看到,微信公众号对该事件关注较多,主要从两方面进行了话题设置:一是以学校为核心,围绕学生、家长、媒体报道、环境和地域常州等内容进行;二是以污染为核心,从地块、土壤、修复等方面视角聚焦问题,表达态度。

在社会主义核心价值观构建中,主要从"敬业""法治""公正""和谐""诚信""富强""文明""平等""自由""友善"等方面进行,价值辐射较宽。

其中,围绕江苏常州外国语学校毒地事件,从家庭、学校、政府、社会应当承担的责任,责任追究、土壤修复、环境监测验收、选址建校、媒体社会责任、回应处置措施等方面进行了"敬业"价值观的塑造与构建。关于"法治"价值观,针对学校选址是否违规、土壤保护立法、确定污染评估标准、企业化工垃圾判罚、污染赔偿、执法力度、责任归属、一审判决等问题集中从司法层面如何加强和完善进行了内容构建,强调依法治国。关于"公正"价值理念,微信公众号主要从环评报告科学性、真相与是非、联合专家组调查取样及结果公布客观性、检测及相关进展情况公开、社会监督、科学决策等方面进行了质疑、追问与内容构建。对"和谐"价值观,重点围绕学生身体异常与健康问题,校园安全风险,土壤污染的危害与影响,学生家长及社会关于环境污染问题的焦虑与恐慌,全国土壤环境的隐患等方面进行话题设置,希望引起相关部门重视,避免社会舆情的负面影响。对"富强"价值观,主要从经济发展过程中形成的污染物"毒瘤",产业转型,土壤修复产业市场发展情况,专项资金筹措,上市公司收购重组等方面进行构建。关于"诚信"价值观,重点围绕学校及相关部门责任态度、检测结果差异、媒体渲染与否、官方公信力等方面进行话题设置。此外还从群众路线、每个人对环境的影响与责任、同理心等方面构建了"文明""平等""友善"等价值观。

从图3-9中可以看到,凤凰资讯一方面围绕环境问题,从法治层面如公益诉讼、环保组织等方面进行内容构建;一方面以污染为核心,进行关于土壤、政府、治理、草案等方面话题设置。凤凰资讯着重对环保组织公益诉讼情况及费用,常州毒地衍射的类似事件如"毒跑道""靖江毒地案"等存在公众人居健康和生态环境风险等进行了强调。

社会主义核心价值观主要围绕"法治""敬业""公正""和谐""文明""平等""诚信""友善"等进行了构建。

关于"法治"价值观,围绕公司诉讼情况、针对毒地问题建章立制、加强管理,如《中华人民共和国土壤污染防治法(草案)》审议、环保部发布《污染地块土壤环境管理办法(试行)》《土壤污染防治行

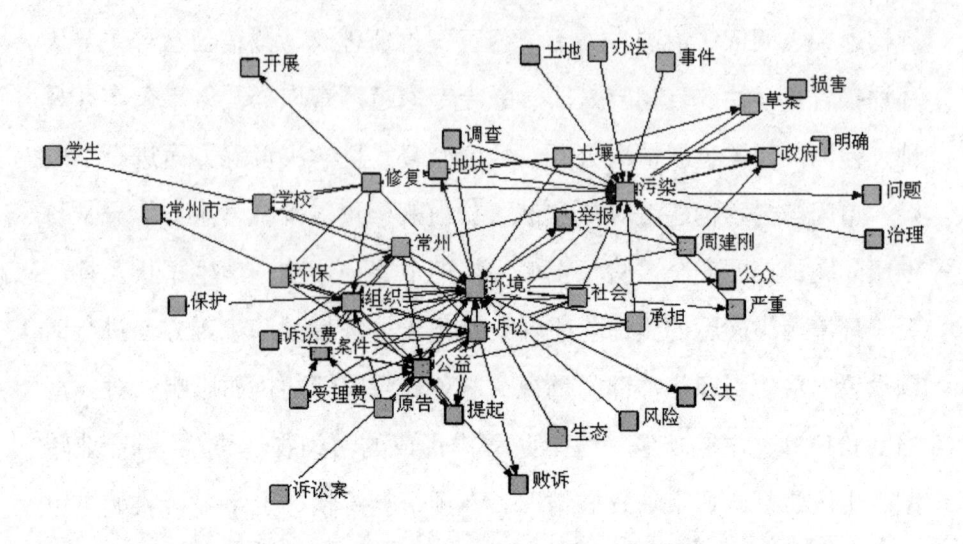

图 3-9 常州外国语学校毒地事件——凤凰资讯社会语义网络分析

动计划》要求等强调依法依规解决问题，加强治理。对"公正"价值观，凤凰资讯从向社会公开相关信息、学校聘请检测机构、举报纠错机制建立、环保公益诉讼客观成效、诉讼费收取等方面进行了强调。凤凰资讯主要从公众健康尤其是学校学生健康、人居环境安全和生态环境受到威胁与挑战、保护自然环境与建设美丽中国等方面表达对"和谐""文明"价值理念的强烈诉求。关于"敬业"价值观，重点围绕部门监管，挂牌督办环境污染案，建设用地准入管理，污染地块管理制度规章建立，污染责任认定、鉴定与修复等方面进行构建。此外，对于人文关怀如社会募捐、心理疏导、回应态度与答疑解惑等方面构建"诚信""友善"等价值理念。

总之，该事件中，对于毒地修复问题存在着一定程度的"不修复""假修复""草草修复""修复技术不过关""修复质量打折扣"等多种负面刻板印象。因此，对化工、农药类易挥发有机物污染地块的修复，控制二次污染就是管理舆情风险的关键。

2. 陕西榆林产妇跳楼事件

陕西榆林产妇在多次要求剖宫产但没得到相关方积极回应后跳楼坠亡，事件发生后引发了人们关于产妇、家属、医院三方角色的讨论。

在图3-10中可以看出，人民网主要从两方面进行内容构建：一是围绕医院、产妇、家属三者之间的关系与责任展开话题。二是从医患关系的视角，围绕患者、剖宫产、手术、同意、签字、医疗等方面进行议程设置，尤其对医疗管理条例与流程、家属签字制度的合理性与问题、患者本人意愿的尊重与否等进行论述，强调以人为本。

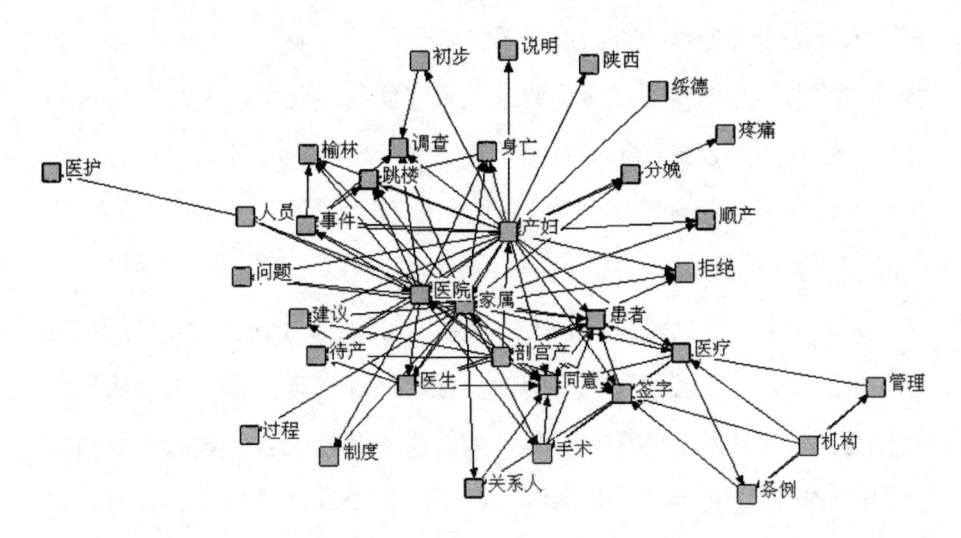

图3-10 陕西榆林产妇跳楼事件——人民网社会语义网络分析

关于社会主义核心价值观，人民网主要围绕"富强""和谐""文明""公正""平等""自由""法治""敬业""诚信""友善"进行了构建与引导。关于"富强"价值观，人民网主要从医疗技术条件与药物治疗、医疗费用及数据等方面进行了探讨。"和谐"价值观重点围绕产妇安全、舆情风险防控、医疗机构安全保障、医护人员防范突发事件意识与监护责任、和谐医患关系等方面进行，强调个人与社会关系的和谐。对"文明"价值观，人民网主要从人本精神、对生命和个体的尊重、医院良好的态度和意识、媒介沟通素养，疼痛的药物治疗，技术方面分娩镇痛试点等方面集中进行了话题设置，弘扬理性、尊重、沟通、服务态度与技术发展等方面的文明与进步。对于"公正"价值理念，主要从还原客观事实真相、保持公开透明、事件调查核实与跟踪等方面进行了塑造与引导。通过对医疗规范完善如手术签字制度改进、《医疗机构管理条例》与《民法总则》立法建设，相关责任人依法依规处理等方面进行了"法治""敬业"价值观构建，弘扬依法治国。此外，人民网还通过医患之间的相互信任关系与机制的建立，医疗决定权的归属，如患者自决权和医生处置权的自由空间，善后处理与对患者的理解和关怀等方面塑造"诚信""自由""平等""友善"等价值理念。

图3-11可以反映出，微信公众号主要从三方面进行了内容设置：一是聚焦产妇、医院和家属之间的责任归属和利害关系；二是从导致跳楼行为与事件发生的医疗过程，如医生对分娩处置、顺产还是剖宫产的医疗决定过程等；三是围绕"同意"这个动词进行话题构建，如家属对剖腹产的态度、患者疼痛与要求、签字制度的合理性等方面进行了引导与塑造。

社会主义核心价值观构建幅度较宽，主要从"公正""法治""平等""自由""和谐""文明""富强""敬业""诚信""友善"等进行构建。微信公众号对"公正"价值观诉求强烈，主要围绕事件真相全面追踪与还原，涉事人员回顾事发经过（包括家属、医院、医生、目击者等），相关部门就质疑热点进行调查核实反馈及结果公布等内

<<< 第三章 网络社会热点中的社会主义核心价值观引导与构建研究

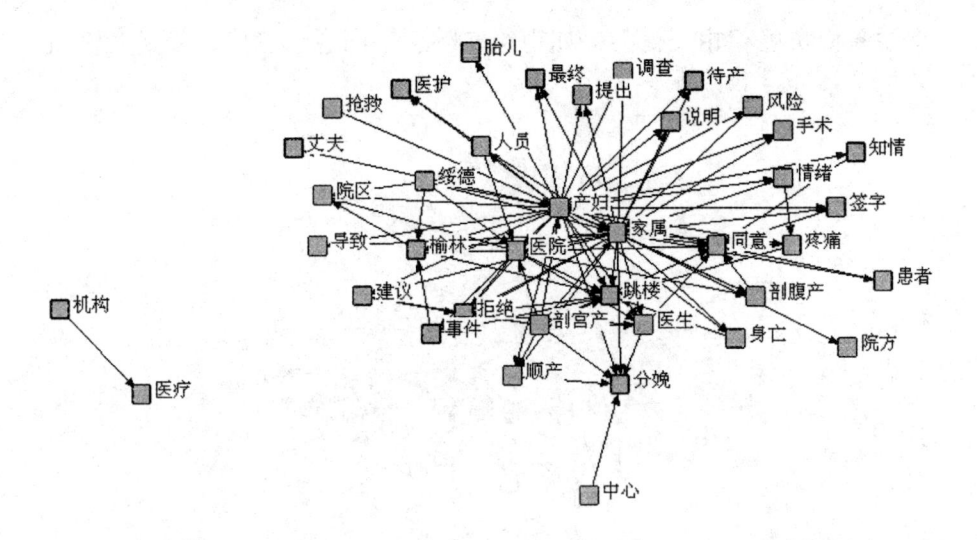

图 3-11 陕西榆林产妇跳楼事件——微信公众号社会语义网络分析

容构建。在"法治"价值观方面，主要围绕社会关注焦点问题进行法律分析与专家解惑，法律层面相关规定与实践问题，如手术签字制度、医疗规范与患者要求关系、《侵权责任法》和《授权同意书》的法律适用，最高法院对医生在紧急情况下施救的免责问题，医疗纠纷司法解释正式施行，相关主体依法依规责任追究等方面给予了聚焦，推动了相关法律法规的进一步完善，事件发生后，最高人民法院回应社会关切，《关于审理医疗损害赔偿责任纠纷案件适用法律若干问题的解释》正式施行，从法律层面有效避免类似悲剧重演。此外，微信公众号还通过保障母婴安全，医患和谐关系建立，产妇自主决定分娩方式，医院安全防范责任，妇产领域引进、运用更为先进的技术，女人在家庭中的话语权与地位，对患者同情及反思等方面构建和谐、富强、平等、自由、友善等价值观。

从图 3-12 中可以看出，凤凰资讯主要围绕产妇、家属、医院、医生身份角色和相关行为，如拒绝、跳楼、同意、建议、分娩、说明等方面展开话题。

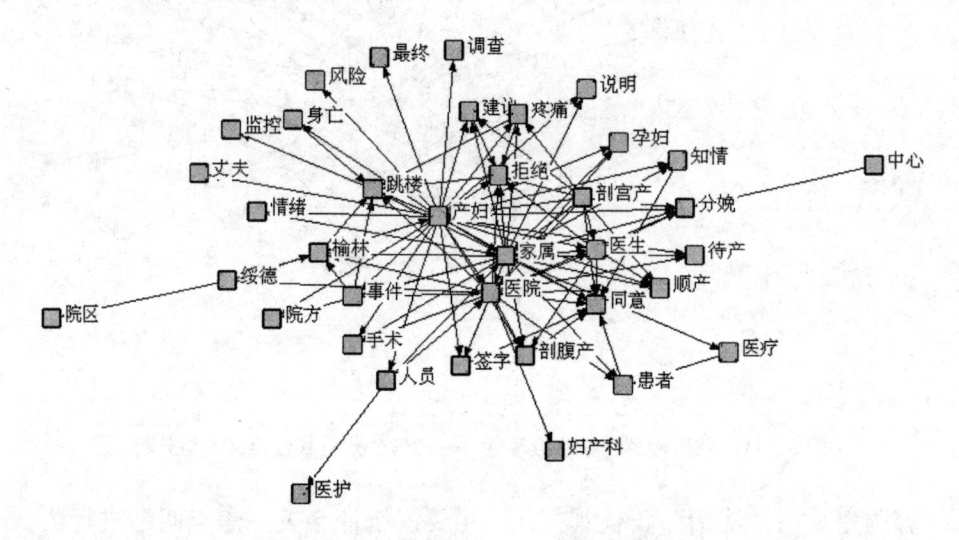

图3-12 陕西榆林产妇跳楼事件——凤凰资讯社会语义网络分析

  在社会主义核心价值观方面，主要围绕"公正""法治""敬业""平等""自由""和谐""文明""富强""诚信""友善"等进行构建。其中，关于"公正"价值观主要从还原事件真相，公布视频监控与画面，家属、医护人员及医院话语表达，相关部门介入调查及结果公开等方面进行建构。围绕家属签字制度、患者决策自主权、医疗过程规范与管理方面的法律法规，如《医疗机构管理条例》《母婴保健法》《侵权责任法》等构建"法治"价值观。通过报道相关部门介入调查、成立调查组、对涉事机构及相关人员责任追究、医院承担责任、群众质疑回应等构建"敬业"负责的价值理念。对"文明""和谐""友善""平等""自由"价值观主要从家庭关系层面呼吁尊重女性、倡导平等和自主；社会关系层面强调尊重事实、理性评判、嘴上留德，避免不实指责给他人带来的伤害，医疗机构对生命安全健康保障等方面话语内容进行构建。此外,凤凰资讯还从外部环境对该事件的影响,如医院剖宫产技术的进步使得手术成为产妇重要选择,医学认识的提高使各医院严格控制非医学指征剖宫产率,无痛分娩普及率等方面构建"富强""文明""和谐"的价值理念。

总之,三种媒介对该事件价值观引导与构建都紧紧围绕医院、家属与产妇之间责任、关系与话语行为等方面进行,突出强调了"公正""法治""自由""和谐""文明""平等"等价值观。

(三) 社会伦理道德与行为失范类热点事件语义价值分析

新媒体时代使得话语变得越来越自由、开放,一些个体伦理失范行为也通过网络空间传播引起社会广泛关注,形成表达观点、意见与态度的舆论场。社会道德根植于对社会规则的遵守,个别主体对社会规则的挑战,使得网民对于网络热点事件的直接当事人的行为进行褒扬和贬抑,并且根据事件与自身利益相关的程度来决定自己参与网络热点事件舆论的程度。当事主体维护或者危害到网民能够"角色代入"的另一主体的利益时,参与讨论的人会迅速形成相同或相似的舆论意识,共同对该事件提出支持、声援或者质疑、批评,以维护自身利益。①评价他人也是认识自己的过程,通过他人行为引起人们对行为的反思与警惕是社会伦理道德失范类事件的重要功能。

1. 女游客虎园下车遇袭事件

2016年7月23日,北京八达岭野生动物世界东北虎园内发生一起老虎伤人事故,32岁的女游客赵丽(化名)中途下车,被老虎拖

---

① 邓景. 论网络热点事件对社会道德的冲击与重构 [J]. 中国报业, 2012 (08).

151

走,其母周某下车去追遭老虎撕咬。该事故造成周某死亡,赵丽受伤。事件的发生,引起人们的普遍关注和讨论。

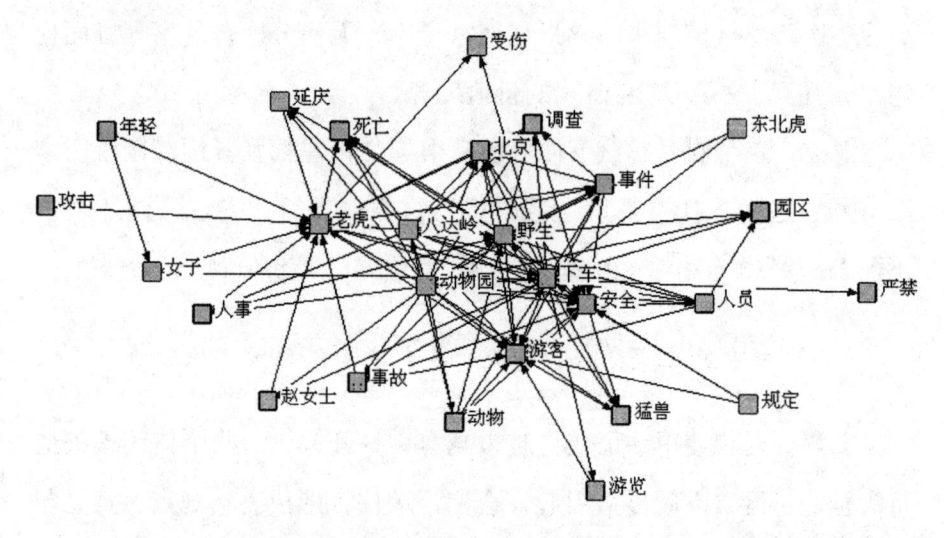

图 3-13 女游客虎园下车遇袭事件——人民网社会语义网络分析

从图 3-13 中可以看到,人民网主要从三方面进行了内容构建:一是以老虎、野生为核心构建内容,强调老虎饲养方式变化带来的野性增强、安全威胁增大;二是从北京、八达岭、野生、动物园为核心,强调作为管理者针对事件的反应及举措等;三是从游客方面,围绕下车行为、猛兽对安全的威胁和影响、事件调查和被伤游客救治等进行论述。

社会主义核心价值观构建主要围绕"公正""法治""平等""和谐""文明""敬业""诚信""友善"进行。对"公正"价值观,人民网主要从相关部门成立调查组(包括人员构成)、事件原因调查、调取视频监控录像、公布调查结果;相关当事人如动物园管理人员、涉事游客及亲属发声、目击者访谈;老虎饲养方式及影响等多种角度进行了构建,客观还原事件经过。关于"法治"价值观则从涉事游客

<<< 第三章 网络社会热点中的社会主义核心价值观引导与构建研究

及家属起诉与应诉、动物园猛兽区"自驾游"项目是否违法经营、赔偿金额、责任认定与追究、《侵权责任法》与《安全生产法》等相关规定、野生动物区自驾游国家行业标准等方面进行了构建,强调加强社会性惩戒,提高人们的规则意识。对"和谐"价值观主要从三方面进行强调:一是游客自身安全意识和危机意识;二是动物园安全管理机制、场所安全措施、处理应对突发事件风险防范能力等;三是社会层面旅游安全、公共舆论风险等方面进行话语构建。关于"文明"价值理念,人民网从个人层面,强调游客自身应具有规则意识和边界意识,文明观赏,同时对待他人要理性、客观评价;从社会层面,强调社会治理和规则边界及惩罚机制建立以及对他人隐私、尊重等风气的弘扬。此外,人民网还通过动物园管理责任、停业整顿,游客遵守规定,执法部门严格追责,话语表达权利等表达"敬业""平等"等价值理念。

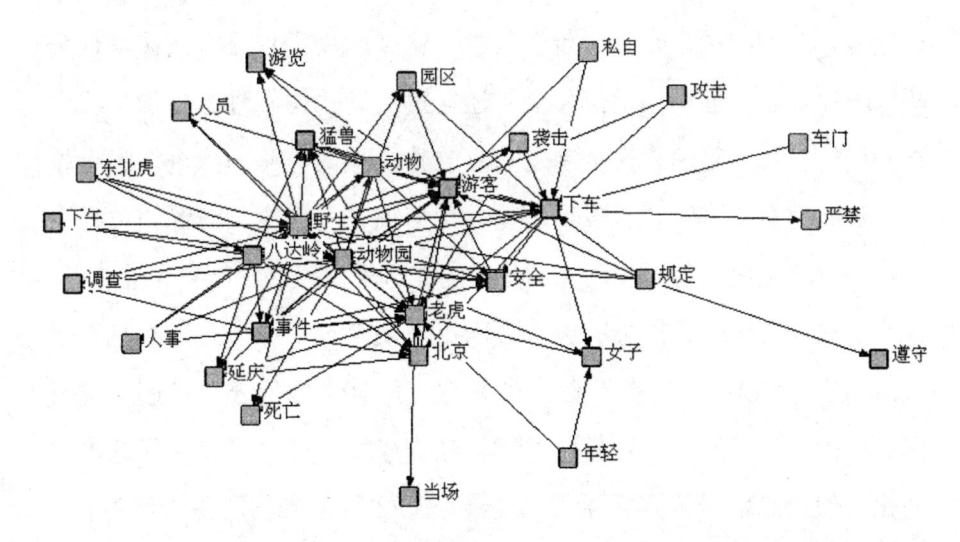

图3-14 女游客虎园下车遇袭事件——微信公众号社会语义网络分析

从图3-14中可以看到，微信公众号也从三方面进行了话题设置：一是以游客为中心，围绕下车行为、受到袭击、人身安全、是否遵守规定等进行；二是以动物园为核心，围绕北京、八达岭、野生等内容构建；三是以老虎为核心，围绕东北虎、猛兽、动物等进行话题构建。

在社会主义核心价值观方面，主要集中在"公正""敬业""法治""和谐""文明""富强""平等""诚信""友善"。关于"公正"价值观，主要从相关部门组成联合调查组在第一时间对事件原因进行调查、事件经过还原和园区视频监控曝光、事件调查结果公布、质疑园区变相私吞保险费、游客家属发声等进行构建，对事件经过和原因进行了追踪与公开。对"敬业"价值观，通过相关部门责任追究、动物园管理责任、游客自身行为责任、园区安全改造、国外野生动物园管理经验借鉴等方面表达和弘扬认真负责的价值观。关于"法治"价值观，主要从游客起诉与索赔、法院受理、针对野生动物园管理的法律法规、动物园项目经营是否合法、动物园动物侵权致害法律责任分析等方面给予了强调。微信公众号还通过对动物园管理方面加强安全设备设施、日常管理、安全制度、应急救援预案等各方面进行隐患排查，建立健全安全管理台账，加强教育培训，完善应急演练相关档案资料，参照国内其他野生动物园建设的先进安全做法，配备先进装备，进一步提高安全防护措施；游客方面提高安全意识和风险危机意识等方面构建"和谐""富强"的价值理念。此外，微信公众号还通过对伤者积极救治与慰问、对逝者哀悼，对游客安全提示和"涉事老虎被处死"假消息辟谣等方面强调"友善""文明""诚信"等价值观。

从图3-15中可以看到，凤凰资讯主要对八达岭老虎袭人事件后续进展追踪和类似事件进行了标签化内容设置，主要围绕游客下车行

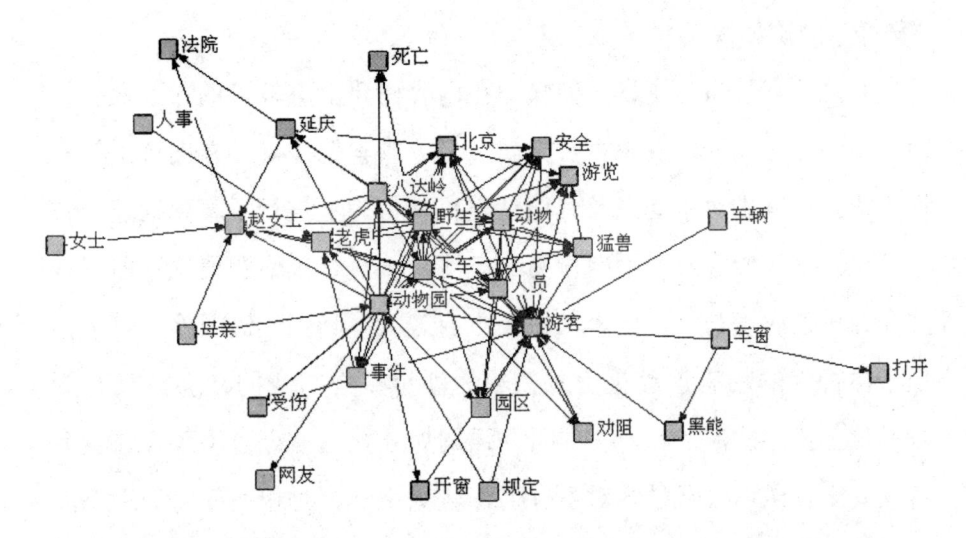

图3-15 女游客虎园下车遇袭事件——凤凰资讯社会语义网络分析

为，老虎、黑熊等猛兽伤人，野生动物园安全管理与责任，案件审理等方面进行了话语构建。

社会主义核心价值观构建主要围绕"文明""和谐""公正""法治""平等""敬业""诚信""友善"等进行。凤凰资讯对游客行为的合规性及不合规带来的后果进行了集中话语构建，突出强调了个人作为责任主体对社会规则遵守的必要性，强调进入公园文明观赏的意义和价值。对"和谐""敬业"价值观，主要围绕游客不当行为带来的安全威胁、野生动物园安全管理责任、规则的权威性问题、安全措施保障冗余、人与动物安全隔离技术手段与设施以及游客自身和作为监护人责任等方面进行了构建。通过八达岭老虎伤人案审理与进展追踪、动物伤人责任认定、原告与被告意见表达、权利与义务一致性、事件真相调查与追踪及结果公布等方面构建"公正""法治""平等"的价值观。此外，凤凰资讯还对舆论准确性与真实性、事件对社会行为的警示、人们之间的相互理解与帮助等进行构建，强调"诚信"与

"友善"的价值观。

总之,在该事件中,三种媒介在内容构建上有较多的一致性,都对涉事主体:动物园、游客及家属、老虎或其他猛兽三方进行了较多话语构建,其中对于老虎及其他猛兽仅从行为上进行了客观描述,较少评论。对于游客及动物园行为与态度集中进行了话题设置。但三种媒介在价值态度与构建内容的视角上有较大差异:人民网除了对事件及个体行为的动态追踪报道外,较为注重事件本身的社会意义与影响,从公正、法治、和谐、文明等强调加强社会治理,保障人民生命健康安全。微信公众号则对事件追踪较为聚焦,对相关部门处理态度和涉事企业及个人行为等方面强调公正、敬业、法治、和谐等价值观。凤凰资讯偏重于后期追踪报道,主要从个体行为及后果、法律进程、信息准确性与人际关系等方面强调文明、法治、和谐、诚信、友善等价值观。

2. 王宝强离婚事件

近年来,离婚率的不断攀升,折射出一些家庭伦理关系面临的挑战与问题。婚姻观是观察社会价值观的一个窗口。随着经济的发展,社会交流的频繁,传统的婚姻关系面临着家庭关系的不平衡与震荡。王宝强作为一名演员和公众人物,通过微博发布离婚声明之后,引起人们对其婚姻关系问题的普遍关注和围观,甚至演变成了一场网络狂欢。

从图3-16中可以看出,人民网内容构建幅度较宽,以王宝强和马蓉二人的行为表现及关系为核心设置话题,对王宝强发布离婚声明、到法院起诉离婚、应对婚变的情感及态度,马蓉对"离婚声明"的反应及态度、法院应诉及反诉、婚姻关系中的行为等进行了内容构

<<< 第三章 网络社会热点中的社会主义核心价值观引导与构建研究

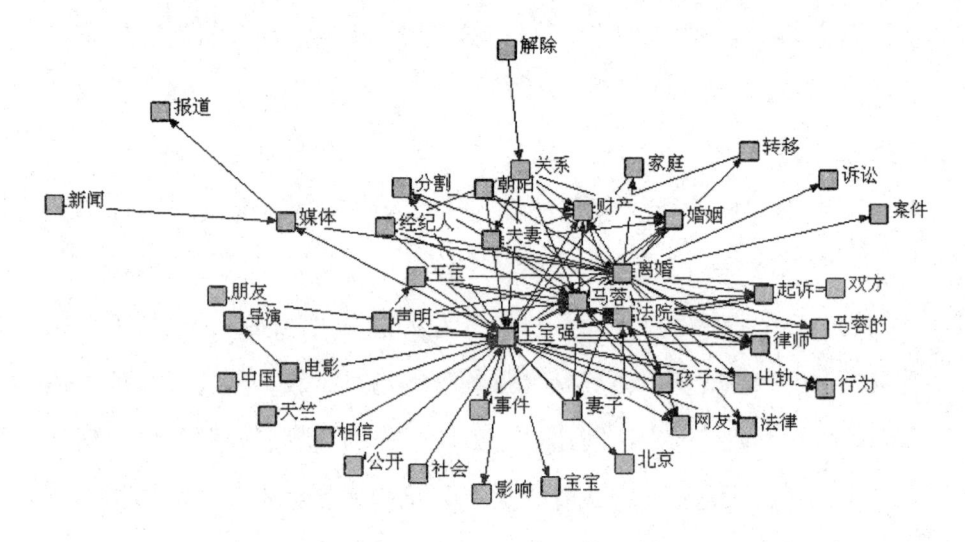

图3-16 王宝强离婚事件——人民网社会语义网络分析

建。重点围绕三方面进行：一是围绕离婚条件下的婚姻关系、抚养权问题和财产分割，尤其是房产、车辆、公司股权等方面进行了内容构建。二是从法院对王宝强、马蓉二人起诉案件受理相关情况的追踪与报道。三是从社会视角对媒体角色、群众围观行为、企业蹭热点营销、网民失范行为等进行舆论引导。

对社会主义核心价值观，主要围绕"法治""公正""文明""和谐""富强""敬业""诚信""友善""自由"进行引导与构建。对于王宝强和马蓉离婚事件，人民网强调通过"法治"方式理性面对和解决问题，针对离婚立案及法律进程、财产转移与净身出户、子女抚养权、夫妻共同财产分割、索赔、出轨行为与证据、相关法律法规阐释、未成年人保护等方面进行了较为全面的价值构建与引导。对"公正"价值观，主要从信息的真实可靠性、话语充分表达权利、证据公开与搜集、法院裁决、地方法院官方微博不当言论、不当两性关系等方面展开，强调尊重事实、客观分析与评价。对于"文明""和谐"价值观,从涉事主体关系与行为,如夫妻关系的理性应对,出轨和转移财产行为,离婚事件引发借热点营销,群众不理性围观,未成年人保护及隐私尊重,个体财产安全保障等方面进行了积极舆论引导,强调个人与社会群体的文明道德行为与素养,构建良性舆论氛围与社会风气。关于"富强"价值观,主要从个体角度围绕王宝强与马蓉婚后财产收入、公司股权变更等外在物质条件进行报道。同时,也从王宝强受到打击后内心变化,尤其是自强的态度进行了较多构建,强调主体内心的强大。此外,人民网还通过王宝强作为演员和导演的敬业精神与专业素养、家庭责任、微博"大V"承担的社会责任、媒体担当与坚守客观真实底线、创作自由度等方面构建了"敬业""自由""诚信""友善"等价值观。

从图3-17中可以看到,微信公众号在该事件中内容构建幅度较窄,主要从法律视角围绕王宝强和马蓉、法院、判决、诉讼、审理、离婚请求、名誉权、宣判、婚姻、关系等方面进行了较为集中的话语构建。

在社会主义核心价值观构建方面,主要围绕"公正""法治""诚信""文明""敬业""友善""和谐""自由""平等""富强"进行。通过对法院一审、二审审理、沟通与宣判情况,王宝强和马蓉对离婚的反应及行为表现,财产与抚养权分割、出轨行为、婚姻关系、法律条文等方面内容表达"公正""法治"的价值观。微信公众号对"诚信"价值观主要从对待夫妻忠诚度、爆料的可信度、夫妻话语行为表现与证据的真实性和态度的真诚性等方面构建。通过对婚姻中夫妻应尽的责任和义务,抚养照顾孩子的责任,经营婚姻的能力(理财知识与规划),职务侵占行为等方面强调"敬业"的价值理念。对"文明"

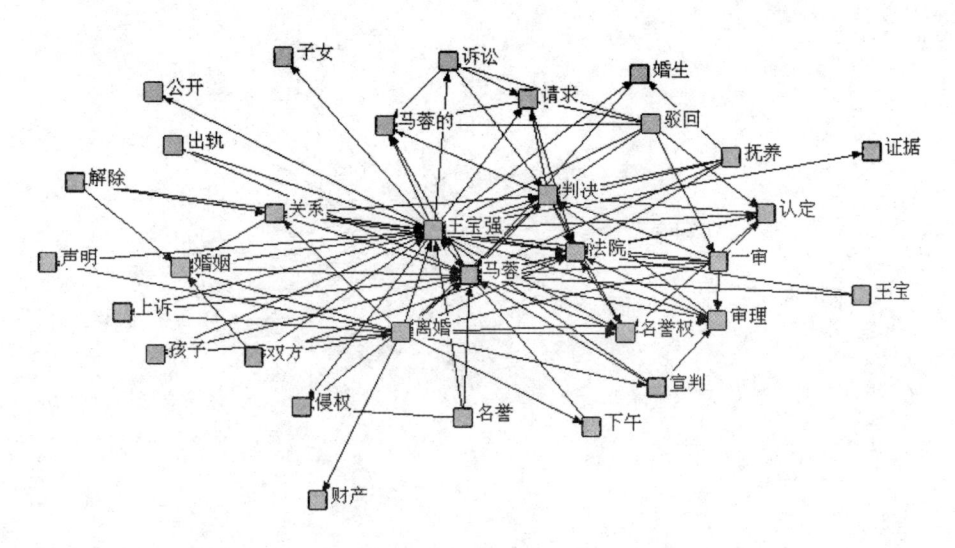

图 3-17 王宝强离婚事件——微信公众号社会语义网络分析

"和谐"，主要围绕离婚过程中两人处理问题分寸感的把握，选择方式与态度，挑战社会规则与道德底线，对孩子心理健康的保护，夫妻安全感的建立等方面表达价值理念。此外，微信公众号还通过女性财务独立、话语表达权利、离婚双方斗争的利益博弈、同情与谴责等方面表达"自由""平等""富强""友善"等价值观。

从图3-18中可以看到，凤凰资讯在该事件中内容聚集度较高，与微信公众号有相似之处是从法律层面上关注王宝强和马蓉离婚事件较多，主要围绕双方婚姻关系情况，法院受理二人诉讼请求、财产分割、子女抚养权问题、名誉权和判决情况等方面进行内容构建。

在社会主义核心价值观方面，主要围绕"法治""公正""诚信""文明""平等""敬业""和谐""富强""自由""友善"进行构建。其中，"法治""公正"通过双方诉讼请求、离婚纠纷案件法院审理、宣判、司法进程公开，对涉事人员刑事拘留、限制出境、调查取证，

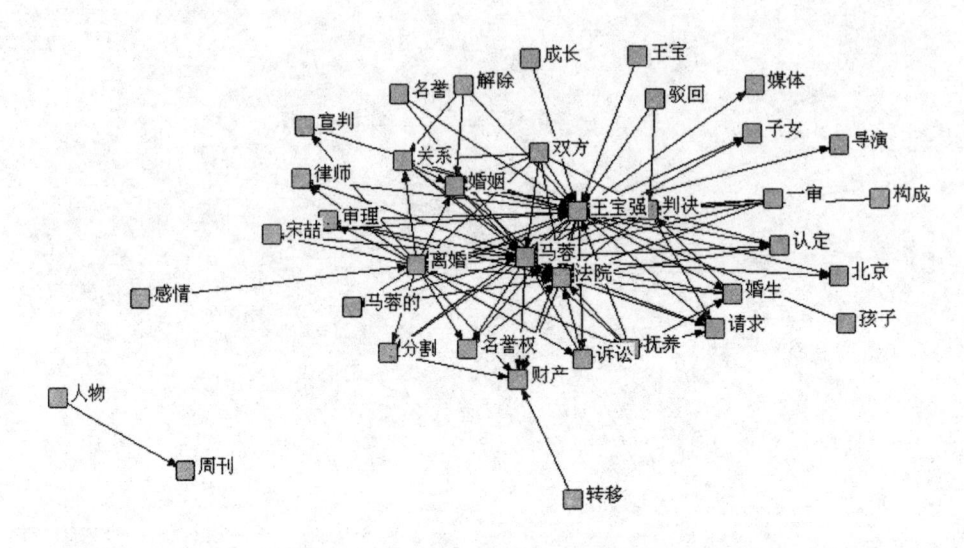

图 3-18 王宝强离婚事件——凤凰资讯社会语义网络分析

离婚案中涉及的名誉权、职务侵占、财产转移等方面表达价值诉求。对"诚信"价值观，主要从信息真实性、夫妻忠诚度、蹭热度行为、做人做事态度等方面强调真诚、守信的意义和价值。对"文明""和谐"价值观，强调为子女营造良好身心健康环境、夫妻对峙行为、不忠实于婚姻的出轨行为和财产转移等方面进行构建，提倡积极健康的婚姻家庭关系和秩序。"富强"从个人角度反映物质财富和精神文化的意义构建，通过个人获取物质利益方式渠道，尤其是股东结构、股权问题，热点消费，个体行为的伦理审视等方面阐释。

总之，作为一起离婚个案，除了明星身份、草根奋斗史、双方的处理方式、剧情的跌宕起伏这些因素之外，三种媒介都从不同视角审视了两人离婚纷争的走向对中国婚姻价值观的触动与警示作用，强调"法治""公正"价值观对维护社会公序良俗的积极意义。除此以外，从个体视角对行为伦理如婚姻忠诚与信任度、安全感、家庭责任义务、理智行为态度等方面强调"诚信""敬业""文明""和谐"价值观。人民网内容构建层次较为立体，辐射面较宽，微信公众号与凤凰资讯内容较为聚集。

三、总结

通过上述内容分析可以反映出，网络社会热点事件既是大数据时代背景下信息流动、社会舆情浓缩的反映，也是反映民意期待和社会变化发展的重要载体，成为当代社会文化传播与价值观念的生动表达。

通过上述分析可以发现，网络社会热点事件的社会主义核心价值观弘扬与构建呈现出以下几方面特点：

（一）不同媒介在信息关注的及时性上差异明显

在6个网络社会热点事件中，人民网、微信公众号、凤凰资讯对事件反应的时效性各不相同。其中人民网和微信公众号都对4个网络社会热点事件第一时间给予关注和报道，占总体样本的三分之二，时效性较强，反应迅速；凤凰资讯在6个网络热点事件中仅对1个事件第一时间给予了报道，占总样本的六分之一，有3个热点都是进行了后续追踪报道，内容的时效性特点不突出。这从侧面反映出不同媒介关注侧重点有所不同，人民网作为官方主流媒体，充分发挥了权威性、把关人作用，在及时性方面有所加强；微信公众号由于信息来源的多元化、大众化，在对网络社会热点事件的捕捉上较为及时，但由于把关人作用发挥有限，在内容的权威性上不够充分，有时存在一定的偏差和失误。凤凰资讯偏重于对一些热点进行后期追踪报道。

从对事件关注的持续性上看，人民网对2个热点事件关注持续时间最长，分别是山东辱母杀人案和陕西榆林产妇跳楼事件；对4个热点事件关注时间较长，如徐玉玉被电信诈骗案、常州外国语学校毒地事件、女游客虎园下车遇袭事件、王宝强离婚事件，总体上看，事件关注的持续性强。微信公众号对网络社会热点关注时间较为适中，其中对徐玉玉被电信诈骗案、常州外国语学校毒地事件2个热点事件关注时间最长；对陕西榆林产妇跳楼事件和山东辱母杀人案2个热点事件关注时间较长；对女游客虎园下车遇袭和王宝强离婚案关注时间最短。凤凰资讯对女游客虎园下车遇袭和王宝强离婚案关注时间最长，其余4个热点事件关注时间都是最短，可见对事件关注的持续性较差。

（二）信息来源反映话语构建策略的不同倾向

通过对1100份文本的数据来源进行统计归类分析，可以发现不同媒体数据来源有较大差别，这一定程度上也反映出在网络社会热点事件传播方面主体话语内容与构建策略的差别。

人民网作为官方主流媒体，较为注重话语内容的权威性、准确性，文本来源选择较为谨慎，范围相对较窄，主要来自传统主流媒体和网络主流媒体和政府网站。主要呈现出以下几个特点：一是人民网作为主流媒体议程设置能力较强，其中人民网、人民日报等自编、自采类文本占32.6%，占人民网全部文本的三分之一，尤其是人民网、人民日报评论类文本转引率高，较好发挥了舆论引导的作用。二是从数据统计上看，传统主流媒体仍然是传播的主渠道，占比高达59%，在社会热点事件中体现出了内容构建上的权威性和客观性特点。三是网络媒体成为一种重要的舆论渠道来源，充分发挥了网络媒体便捷、扩散性强、反应迅速的特点，占比达到40%。四是人民网会根据网络社会热点事件性质而采取不同的文本渠道选择策略，如在王宝强离婚事件中，文本渠道来源较为广泛和多样。

凤凰资讯文本来源渠道较为广泛，既有传统官方主流媒体，也有网络媒体、商业媒体、移动新媒体和政务公众号等。主要呈现以下几方面特点：一是新媒体来源渠道异军突起，占比高达17.6%，反映出新媒体融入网络舆论不断增加的态势。二是网络媒体成为文本来源的主流，占比为40.5%，这其中既有官方主流网络媒体如人民网、新华网、中国新闻网等，也包括一些商业媒体机构。三是政务微博、微信公众号等文本来源占3.4%，反映出渠道的多元化。

微信公众号由于其作为公众平台，文本来源是三种媒介中最广泛的，既包括传统媒体公众号，如央视新闻、新华社、中国日报、人民日报、法制晚报等；也包括网络媒体公众号、政务公众号、企业事业单位公众号，还有个人或论坛公众号等。总之，微信公众号成为新时期各种信息和公众意见态度的汇聚平台。在话语策略上综合性较强，将权威性、综合性、互动性、参与性有机融合。

通过三种媒介文本来源分析可以看出网络媒体、传统媒体、新媒体之间融合趋势正进一步加强，形成传播共振效应。

（三）社会主义核心价值观引导构建模式与特点

社会主义核心价值观是人们对社会主义价值最根本的看法和观

点，是社会主义价值观最集中的表现形式。① 在人人都有麦克风的时代，人们对社会事物的关注度和参与度日渐提高，通过对网络社会热点事件的话语构建，人们表达情感与心声并忠实地记录和反映当代社会价值观和道德伦理观等，成为不同时期、不同民族、不同社会文化的折射。在网络社会热点事件中，社会主义核心价值观引导与构建主要呈现以下几方面特点：

1. 不同媒介的高频词语呈现出一致性与差异性并存的特征

通过对不同网络热点事件三种媒介渠道——人民网、微信公众号和凤凰资讯三种文本的聚类分析，比较三种媒介文本排名前30位的高频词语，可以发现三者之间有许多内容一致的高频词语，反映出对事件涉及相关问题的共同关注与表达。与此同时，在同一热点事件中，三种媒介高频词也呈现出因媒介定位、事件审视等方面的差异性，其中，人民网在6个热点事件中有5个热点事件中的特殊词最多，这反映出作为官方主流网络媒体构建内容上的丰富性和多层次性，尤其注重从社会层面审视把握事件中涉及的问题，站位较高。微信公众号和凤凰资讯中的特殊词语相对较少，注重从微观层面事件本身涉及的细节建构话语，审视把握事件和类似内容。

2. 社会主义核心价值观网络话语模式呈现出对话与融合、理性与戏谑并存的态势

在网络社会热点事件中，社会主义核心价值观主要通过对事件追踪报道、事件评述、舆论转发与传播等方式进行。通过对6个热点事

---

① 赵状道. 社会主义核心价值观的文化基因 [M]. 北京：中国社会科学出版社，2018.

件话语模式的梳理，可以发现其呈现如下特点：一是人民网、微信公众号与凤凰资讯作为不同媒介，在话语表达风格方面存在着统一与差异并存的情形。从统一性上来看，三种媒介都不同程度增强了话语表达的对话性与沟通性，如人民网中采用了一些网络热词如"亲""宝宝"，适当引入网民话语等；凤凰资讯与微信公众号中引入官方话语增强话语内容的权威性。三种媒介话语表达差异性也非常明显，从规范性上看，人民网最高、凤凰资讯次之，微信公众号最低；从自由度上看，微信公众号作为公众话语平台自由度最高，凤凰资讯次之，人民网较低。二是话语模式呈现出理性与非理性同在的局面。从理性话语模式来看，三种媒介在内容构建中有较强的一致性，都通过对事件事实真相还原、原因分析、问题质疑、相关部门介入调查、信息公开等方式客观表达，提高公信力。这个过程中经常伴随着对事件了解调查深入而呈现出来的情节或舆论反转。与此同时，社会主义核心价值观网络话语模式也经常呈现出谣言、调侃、戏谑、谩骂、人身攻击、娱乐狂欢、热点营销、消费痛苦等非理性现象。许多网民由于话语表达的平权现象而仅从自身的理解认知与情感态度出发，在未了解全部事实真相的情况下妄加评论，如在女游客虎园下车遇袭事件中，人们对女游客在野生动物园猛兽区下车行为表达了不理解和质疑的态度，而这过程中也伴随着对下车原因的猜测，如认为女游客与丈夫吵架负气下车致被老虎咬成重伤，而这种猜测并未得到充分验证，但网络话语表达中许多却采用了相关标题，后被证实是谣言。在王宝强离婚事件中，也出现了蹭离婚热点进行营销、消费痛苦、网络谩骂攻击和娱乐狂欢等现象。

3. 社会主义核心价值观引导与构建呈现出同一与多元并存的态势。

三种媒介在对网络热点进行跟踪报道的过程中，也将价值理念与诉求融入事件过程中，通过议程设置反映出来，因此，网络社会热点事件也是社会主义核心价值观的动态表达。通过对6个热点事件文本语义价值分析，可以发现：总体上看，在同一社会事件中，虽然不同媒介价值构建的角度不同，但构建的价值观内容趋同性较强，三种媒介价值观偏差幅度不超过2种价值观。随着改革开放的深入推进，中国发生了翻天覆地的变化，正在经历由传统社会向现代工业社会的转变，在这个过程中也伴随着人们生存环境、价值观念解构与建构的动态冲突，反映出人们在生动的社会实践过程中面临的新矛盾、新问题，如生态环境与健康安全、司法进程与社会治理、政府监管与执政能力、社会规则与公序良俗等，在社会层面迫切需要价值引导与塑造，提高价值认同。其中，"法治""公正""和谐""文明""敬业""诚信"等成为共同的价值诉求。

同时，在社会主义核心价值观构建方面，不同媒介也呈现出多元性特点，如人民网作为官方主流网站，除了对事件本身进行跟踪关注与评论外，还格外注重事件的社会意义与影响，强调从社会层面审视和把握和谐关系、生存安全与秩序、法治体系建设、公信力建设等问题，价值观构建的层次性较为立体丰富。微信公众号和凤凰资讯较为注重从事件本身的微观细节和聚焦问题等方面构建语义价值内容与话语体系，偏重于就事论事分析，强调真相还原、原因分析、监督质疑等方面，推动着社会治理的现代化水平迈向新阶段。

第三节　网络社会热点事件个案研究

——以哈尔滨天价鱼事件为例

社会转型时期，各种矛盾冲突增多，有些问题经由网络传播发酵，成为引发普遍关注的热点事件，如不能及时有效引导，极易引发负面社会影响。本节采用探索性个案研究的方法，通过对网络社会热点事件文本词频、语义、价值观等方面深入分析，把握规律特点，为增强主流话语社会主义核心价值观引导与构建提供方法支撑。

2018年，习近平总书记在全国网络安全和信息化工作会议上讲话强调："各级领导干部特别是高级干部要主动适应信息化要求、强化互联网思维，不断提高对互联网规律的把握能力、对网络舆论的引导能力、对信息化发展的驾驭能力、对网络安全的保障能力。各级党政机关和领导干部要提高通过互联网组织群众、宣传群众、引导群众、服务群众的本领。"[1] 随着互联网的深入发展，自媒体在舆论场中的作用日渐提升，许多网络社会热点事件都是率先由自媒体平台曝光，经过互联网、传统媒体、新媒体等立体传播扩散迅速发酵，成为引起广泛关注的舆情热点事件。在网络热点事件舆论场内，反映出来的是各种矛盾、利益和价值诉求的冲突与碰撞，如果不能及时有效引导，则

---

[1] 习近平出席全国网络安全和信息化工作会议并发表重要讲话［EB/OL］．中华人民共和国中央人民政府网，2018－04－21．

很容易引发公众对社会的信任危机，进而产生负面影响。如何加强新时期社会主义核心价值观在网络中的引导构建，是提高网络综合治理能力、建设网络强国的重要课题。

2016年2月12日，游客陈某以网名为"jack光头"发布微博称，春节期间和家人在哈尔滨旅游，一顿"鱼宴"吃了上万元，还因斤两和价格问题与饭店方面发生肢体冲突，引发大量网民关注，被舆论称为"天价鱼"事件。随着事件的发展，媒体报道和网络传播形成了较大舆论共振。为总结该事件在价值引导方面的经验教训，本节采取探索性个案研究的方式，通过对网络话语文本的梳理与分析，总结经验、探索规律，为进一步增强社会主义核心价值观网络话语引导与构建提供方法支撑。

一、文本数据采集

为便于进行比较研究，分别选取官方主流网络媒体舆论场代表人民网与民间网络话语舆论场典型平台微信公众号作为抽样框，通过计算机主题相关搜索，进行文本数据采集（以文字为主）159条，人工去除与主题不相关内容17条，共计142条，具体如3-16所示。

表3-16 文本抽样框

采集渠道	样本量（条）
人民网	80
微信公众号	62

由表3-16中样本量可以看出，作为官方主流媒体，人民网对哈尔滨天价鱼事件保持了较高关注度，相关文本达到80条，超过了微信

公众号62条文本数量。

(一) 时间序列

从采集到的文本发布时间和数量来看，人民网与微信公众号都从2月15日开始，微信公众号发文9篇，人民网发文4篇。人民网达到最高峰值是2月18日，发文量8篇，其次为2月17日7篇，2月22日6篇；微信公众号则于2月15日、16日、17日连续三天保持高峰值9篇发文量，2月19日短暂下降后于2月21日又再次达到峰值9篇。详见图3-19：

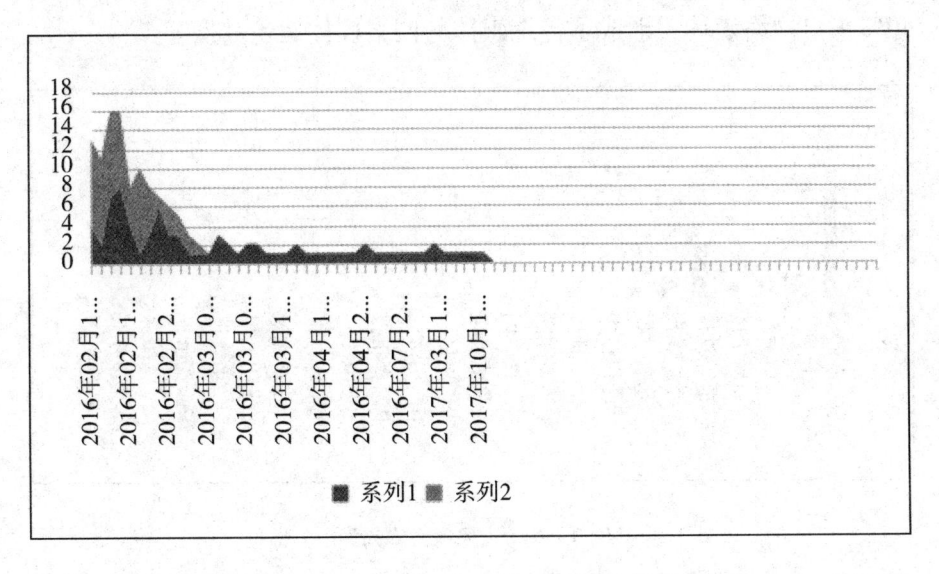

图3-19 人民网与微信公众号文本发布时间与数量

说明：系列2为微信公众号发文时间与数量；系列1为人民网发文时间与数量。

从图3-19可以看出，微信公众号对该事件关注强度高，但时间较短，2月15日至2月22日持续一周之后，关注度迅速下降，直至3月11日，不超过1个月；人民网对该事件关注呈现几次波峰的变化，

2月17日至18日，2月21日至25日等，而后逐渐下降，呈现出持续时间较长的长尾效应，从2016年2月15日至2017年1月13日，持续将近1年的时间，这充分反映出不同媒介在网络热点事件传播过程的差异。

（二）文本来源

从人民网文本采集来源看，38.8%来自人民网和人民日报内部，其次15%来自新华社、新华网，12.5%来自京华时报，5%来自北京晨报。从来源类别看，52.5%来自传统日报、晚报、晨报等媒体，40%来自网络媒体，形成了传统媒体与网络媒体舆论共振。

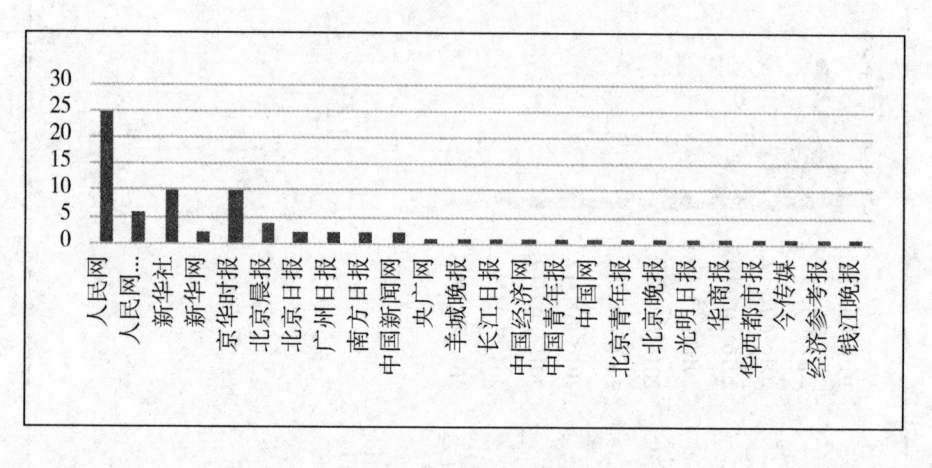

图3-20 人民网文本来源

微信公众号文本来源范围较广，既有主流网络媒体如新华网、人民网黑龙江频道等；也有传统媒体微信公众号如常州日报、中国之声、哈尔滨新闻广播、新闻夜航等；还有民间论坛如天涯舆情、市监沙龙等，政务微信如问政大庆、山东省人民检察院等。

二、哈尔滨天价鱼事件语义数据分析

近年来，随着社会的发展，旅游成为人们的一种生活方式，自媒体时代，游客不仅成为各地旅游形象的传播者，也是旅游问题的反馈者。作为旅游大国，旅游人数的增多、流动的频繁，不仅考验地方政府的社会管理能力，也反映出面对舆论的应对和价值引导能力，如果处理不当，则易引发社会信任危机。哈尔滨天价鱼事件的信息源头发生在2月11日晚，江苏常州一位游客将春节期间自身的旅游遭遇发布到了微博上，引发网民关注，而后经过网络媒体和传统媒体传播扩散，官方对该事件关注和初步回应后，引发对初步调查结果的质疑，期间经历舆论的几次反转，最终才因调查惩处问责而平息。

为全面把握哈尔滨天价鱼事件在社会主义核心价值观引导和构建方面的特点，对文本数据进行了两方面分析：一是使用计算机对文本内容进行词频、语义和社会网络宏观分析；二是通过人工进行话语类型模式及语义价值诉求深度分析，比较官方与民间网络话语价值诉求异同，为更有针对性地加强引导提供方法支撑。

（一）数据初步分析

对人民网80份文本和微信公众号62份文本进行了批量分词之后，通过聚类归并，形成高频词表。

1. 词频

为便于比较，分别对人民网和微信公众号相关文本中排名前30的高频词进行对比分析。由于机器识别存在一定的机械性和语义偏差，人工将"哈尔滨"与"哈尔滨市"进行合并,以"哈尔滨"表达地域,将分词有误的"北区"改为"江北区",江北区是哈尔滨所属的一个区名。

表3-17 人民网与微信公众号文本高频词比较

人民网				微信公众号			
词语	频度	词语	频度	词语	频度	词语	频度
事件	518	人民	186	哈尔滨	443	调查组	146
天价	447	舆论	166	饭店	427	媒体	135
旅游	419	消费	163	事件	365	人员	134
舆情	349	江北区	152	鳇鱼	353	店家	134
媒体	285	野生	134	调查	327	双方	130
市场	267	鳇鱼	131	野生	325	存在	127
消费者	267	服务	128	天价	286	监督	125
问题	263	标价	128	江北区	279	管理局	124
调查	245	新闻	121	消费者	235	消费	119
部门	228	传播	121	市场	202	标价	112
社会	207	监管	119	渔村	190	警察	112
饭店	207	行为	118	问题	184	部门	111
哈尔滨	195	商家	115	陈先生	175	政府	111
游客	188	存在	110	游客	164	行为	110
政府	188	明码	106	北岸	160	导游	108

通过表3-17可以看出,在人民网与微信公众号高频词中,有许多词是一致的,比如,"事件""天价""媒体""市场""消费者""问题""调查""消费""野生""鳇鱼""标价"等,这反映出二者都对该事件暴露出的问题:消费者权益,饭店明码标价、消费行为、鳇鱼野生,市场监管、政府调查等方面都给予了高度关注。"天价"

成为网络热词，也成为类似事件的一种标签化话语表达，如"天价虾""天价鱼""天价茶"等。但二者之间高频词语内容和聚集度也存在较大差异，人民网排名前6位的词语分别是"事件""天价""旅游""舆情""媒体""市场"，人民网具有特色的表达词语如"旅游""舆情""社会""人民""服务""新闻""传播""商家"等；微信公众号排名前6位的词语为"哈尔滨""饭店""事件""鳇鱼""调查""野生"，微信公众号有特色的表达词语如"渔村""陈先生""调查组""双方""监督""管理局""警察""导游"等。这充分反映出二者在议程设置上存在显著差异。人民网在高度关注微观事件的基础上，更注重由此事件引发的关于旅游行业、舆情情况、媒体传播、市场监管、消费者、商家、政府关系等方面问题的宏观、中观层面价值引导与构建；微信公众号则更关注微观层面事件本身，围绕哈尔滨江北区、涉事饭店、当事人、鳇鱼价格、是否野生、调查情况、政府行为等进行议程设置，以追求事实真相和客观公正及法治为诉求。

2. 语义和社会网络分析

为更直观分析词语之间语义关联和社会网络，对文本语篇在分词基础上进行分析，形成了语义和社会网络关系图。详见图3-21。

由图3-21可以看出，人民网围绕天价鱼事件，对涉及政府与市场关系、部门责任、旅游行业服务水平提升、社会舆论及舆情、媒体传播、天价问题调查、消费者权益保护等进行了较广范围主题设置，突出了在整体宏观视角把握问题、应对舆论、监管市场、塑造环境等方面进行价值引导，立足点在于增强话语权威性与公信力。

由图3-22可以看出，微信公众号对事件本身和涉事各方进行了较为全面系统的反映，关注视角更偏微观具体，其中以饭店经营行为

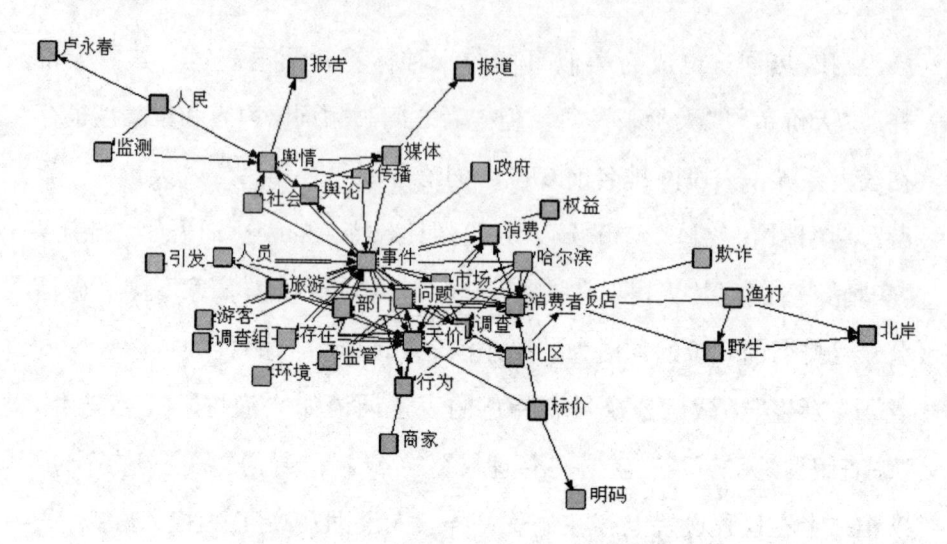

图 3-21　人民网文本社会语义网络分析图

是否欺诈、鳇鱼是野生还是养殖、事件调查是否客观公正、政府市场监督管理等为核心展开主题和内容设置，突出追求客观真相与公平正义等价值诉求。

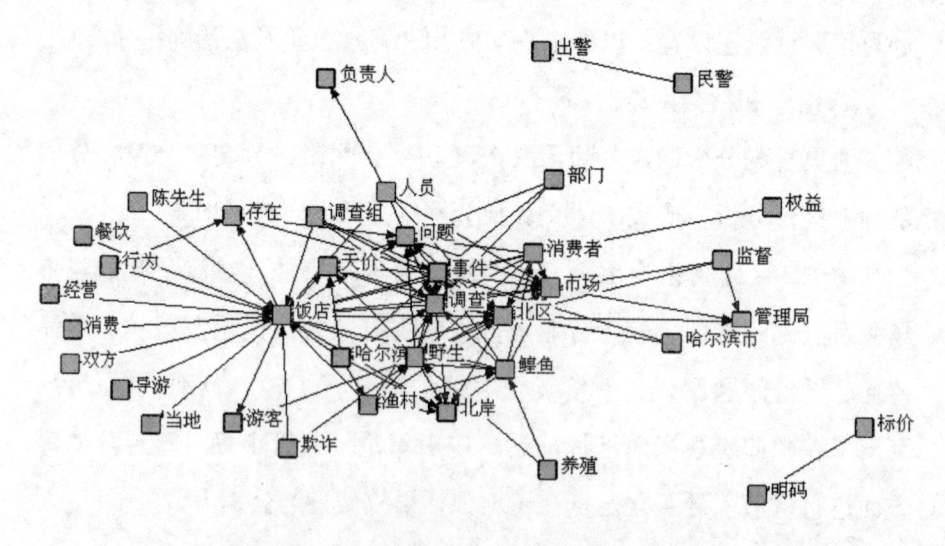

图 3-22　微信公众号文本社会语义网络分析图

（二）文本深度语义分析

为更深入把握文本话语模式与价值态度，分别采用统一尺度对人民网与微信公众号文本进行语篇分析，通过人工分析方式对内容体现出来的价值态度，按照社会主义核心价值观三个层面12个词（富强、民主、文明、和谐；自由、平等、公正、法治；爱国、敬业、诚信、友善）进行对应语义关联分析。

1. 话语模式分析

通过人工分析话语文本表达方式，对人民网和微信公众号142份文本进行了归类梳理，具体见图3-23。

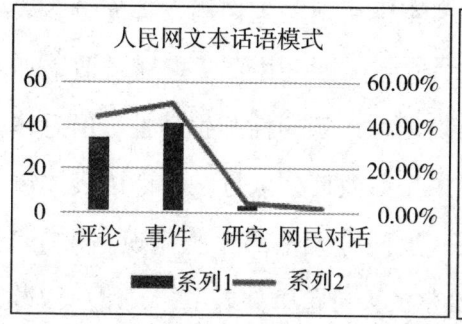

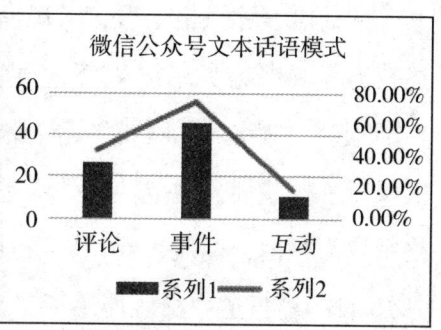

图3-23 人民网与微信公众号话语模式比较

从图3-23可以看出，采用新闻话语模式对客观事件报道占比最高，微信公众号事件类占比达到74%，人民网事件类占比为50%；其次，人民网评论类占比最高，达到43.8%，充分反映出通过对事件评论引导舆论和价值理念，发挥主流媒体在价值构建中的作用；微信公众号评论类占比与人民网较接近，达到43.5%，反映出在天价鱼事件中人们的价值诉求与观点态度。在微信公众号文本中，话语互动性较好，采取与网民对话、网民对事件评论、夹叙夹议等方式反映民众价值态度与诉求，占比为17.7%。人民网话语模式中，由于把关审核较严，话语互动性相对较弱，但从话语模式方面也增加了一定比例刊发网民评论和对事件的态度，占比仅为1.3%。人民网还有一些文本采取研究类话语模式，占比为3.8%。

在人民网文本中，该事件话语辐射面和衍生话题较宽，从哈尔滨天价鱼到桂林天价鱼、四川天价鱼、河北天价游艇、上海天价茶、武汉天价姜丝可乐等内容都有所涉及，话题设置上关注了地域影响和类似事件主题。微信公众号文本中就事论事、追求真相、寻求公平正义话题设置较为丰富，话题辐射面和衍生话题较窄。

从话语表述风格来看，人民网文本由于把关人作用发挥充分，表述较为客观严谨，用语规范，虽然话语中也引用了一些网络话语如"伤不起""躺枪""踩雷"等，增加了话语亲切性和生动性，但总体上保持了权威性、规范性话语表述风格。微信公众号文本话语表述风格则较为自由，调侃、戏谑、质疑、追问等风格都有所体现。如在2月18日一篇报道中标题使用了"哈尔滨天价鱼事件未了，又爆广西游客被打，这是咋的了？"口语化表达方式，在行文中，事件陈述之外，还用调侃戏谑风格表达对导游的态度，如："这位大妹子，你怎么那么彪，你咋不上天哪?！跟天兵天将打去喂！"

2. 社会主义核心价值观分析

经过对文本语篇内容的人工分析，与社会主义核心价值观12个词进行对照，采取语义最大化方式，对一个文本中体现出来的多重价值观进行全面归纳整理，形成了对142篇文本社会主义核心价值观构建内容总结，详见表3-18：

表3-18 社会主义核心价值观构建比较

人民网		微信公众号	
价值观	频度	价值观	频度
法治	65	公正	58
诚信	64	法治	52
公正	60	诚信	48
敬业	47	平等	45
平等	31	文明	31
文明	24	敬业	25
和谐	16	和谐	16
友善	2		
富强	1		

通过表3-18可以看到，人民网社会主义核心价值观构建涉及9个词语，范围较宽；微信公众号社会主义核心价值观构建内容较为集中，涉及7个词语。二者之间有7个价值观内容一致，都包含"公正""法治""诚信""平等""敬业""和谐""文明"。区别是不同媒介平台对社会主义核心价值观强调和重视范畴有所不同，排序有很大差别。

人民网首先强调"法治"层面价值观的弘扬。法治是现代社会的基本框架，党的十九大报告指出，全面依法治国是中国特色社会主义的本质要求和重要保障。在天价鱼等类似宰客事件中，人民网着重强调政府在监管、执法、调查层面依法依规处理，执法要严，为当地市场环境的有序健康发展提供保障。对于商家，通过明码标价、发票、纳税、工商等方面进行主题设置，充分发挥舆论监督，突出在守法层面进行价值引导与构建。对游客和个人，强调学会运用法律法规保障自己的合法权益免受侵害。微信文本则着重强调的是"公正"价值观。在哈尔滨天价鱼事件中出现了几次舆论的反转，当地成立的联合调查组为尽快回应舆论，在取证不全的情况下发布了调查结果，称涉事饭店为明码标价，这一结果公布后，形成了两种舆论波，一种是将矛头由饭店指向当事游客，认为他们无理取闹，进一步对游客进行人肉搜索，谣传其社会身份背景；一种是质疑调查结果的客观公正性，认为在游客缺位情况下，单方面从饭店调查取证失之偏颇。因此，许多网民都以追求真相，期待调查结果客观公正为价值诉求。

人民网排在第二位的是"诚信"价值观；微信公众号排在第二位的是"法治"价值观。因此，人民网强调"法治"的硬约束之外，也大力弘扬"诚信"的软性道德要求。无论是政府、企业还是个人，真诚的态度是赢得他人信赖的前提，也是建立信任的基础。哈尔滨天价鱼事件第一次调查结果失之偏颇，被舆论认为试图掩盖和回避问题，引发了人们对地方政府权威性的质疑。随后，哈尔滨市委市政府专门就此问题召开了会议，专题研讨解决办法，调查组联系到当事游客，在取证比较充分的情况下，形成了新的调查报告，将该事件定性为一起严重侵害消费者权益的恶劣事件，对涉事饭店进行了严厉惩处，同时启动了相关工作人员问责，这才平息了舆论风波，使人们重拾信任。人民网还对省长和市长在两会期间以真诚的态度直面问题，表达对事件处理的决心进行了报道，赢得了人们的好评，引导人们建立对政府的信任和权威性的认同。微信公众号中强调政府监管执法调查的"公正"严明之外，也对加强社会"法治"体系建设，立法层面完善法律法规及制度流程、执法层面加大力度和频度、企业个人层面知法守法等进行了价值引导与构建。

人民网排在第三位的是"公正"价值观,强调政府在事件处理过程中应秉持公开透明、实事求是、持中守正的价值理念,增强政府公信力。微信公众号排在第三位的是"诚信"价值观,突出表达了对商家经营诚信和政府加强诚信机制和氛围营造的价值诉求。

人民网与微信公众号都强调了如"敬业""平等""文明""和谐"等价值理念,政府相关工作人员具有认真负责、勇于担当和作为的精神品质,是实现市场主体之间平等的重要保障,也是社会文明、和谐的重要体现。

三、结论

通过上述分析可以看出,作为官方主流网络媒体代表之一的人民网与作为公众网络话语平台的微信公众号,在社会主义核心价值观引导与构建方面呈现出以下几方面特点:

(一)双方网络话语模式差异性与互补性特征明显

从对该事件的报道中可以看出,人民网与微信公众号的站位与立足点存在明显差异。人民网站在整体和宏观视角审视把握这起商业纠纷,尤其对该事件及类似事件持续关注将近一年的时间,话题设置的范围较宽,文本来源有近39%来自内部,具有较强的议程设置和价值引导与构建能力。微信公众号则符合一周关注原则,短时间内意见聚集度高但持续时间短,只持续了半个月左右即转入下一话题,转载其他媒体报道和评论较为常见,自我加工能力有待加强。微信公众号围绕事件本身如饭店、游客、政府监管、调查组调查情况等方面组织话语内容，视角更偏微观具体，以质疑和追问真相为目标。

二者之间网络话语模式存在较大差异。人民网主要采取新闻话语和评论话语及少量互动话语模式，其中评论类话语占比较高，达到43.8%，通过评论话语表达价值态度并进行价值引导。如2016年2月15日，人民网发表的题为《明码实价"天价鱼"难掩宰客现象背后的执法缺位》的文章转载率高，在地方政府公布初步调查结果之后，对于地方市场监管与执法方面暴露出来的问题进行了舆论引导和纠偏。微信公众号主要采取了新闻话语、评论话语和互动话语模式，其中新闻类话语占比最高，对事件真相的关注和追问占比达到70%以上，评论类主要以各媒体和网民对事件的评价为主，话语互动性强，这与人民网权威话语模式形成了鲜明互补，也反映出不同媒介平台表达方式的差异和媒介之间融合趋势的加强。

从语言风格上看，人民网语言表述较严谨、规范，力求亲切；微信公众号表达风格偏向于口语化和自由化，调侃、戏谑及综合性较强。

(二) 双方社会主义核心价值观引导与构建存在既对立又统一的辩证关系

我国处于转型时期，面临的社会矛盾和风险增大，同时，物质生活水平的提高，使人们在文化精神层面有了更高的期待和诉求。网络社会的形成，使得人人都可以进行议程设置，许多事件通过网络引爆舆论，而事件背后往往体现的是多元价值观念与利益诉求，这对当前的社会治理和社会稳定带来了新的挑战。

天价鱼事件是一起典型的旅游餐饮纠纷，之所以成为引起广泛关注的舆情事件，是因为它反映了市场经济背景下人们对旅游行业政府监管、执法、保护消费者合法权益和对商家诚信经营等方面有较强的共识和期待。社会主义核心价值观在网络中的引导构建是有效化解矛盾、重建社会信任的重要渠道。在天价鱼事件中,人民网与微信公众号对社会主义核心价值观引导与构建呈现出既对立又统一的辩证关系。

双方的差异和对立性体现在:面对同一事件,二者之间对社会主义核心价值观强调的视角各不相同。人民网注意通过"天价"一词符号化设置如"天价茶""天价游艇""天价可乐"等相关主题,引导人们增强对"法治""诚信""公正""敬业"等价值观的认同。此外,在人们对事件怀有负面情绪较多的情况下,人民网还通过正向价值构建,引导人们建立"友善"和"诚信"的价值观,增强对国家社会的认同感和信任。微信公众号反映的是民间的价值呼吁和诉求,尤其表达了对事件中几次舆论的反转背后原因的强烈关注。通过质疑和追问,反映出对"公正""法治""诚信""平等"等价值观的认同和诉求。

双方的统一性体现在:社会主义核心价值观内容的构建具有高度的趋同性,除"友善""富强"二者之间有一定差别外,关于"法治""公正""诚信""敬业""平等"等价值理念都在双方话语内容中有充分的表达。事件发生后,人民网和微信公众号都将事件类新闻报道作为主导话语模式,通过与官方微博、网站、公众号等实现信息联动融合,第一时间发布相关消息,避免因信息不对称带来的焦虑,同时通过发表评论方式引导舆论。在价值观引导与构建中,双方都关注了几次舆论反转的情况,强调法治国家、法治政府、法治社会三位一体建设的必要性,同时,强化政府职能权责,处理好企业、消费者之间的关系,实现社会治理的公正、平等。此外,在外部约束的同时,双方都认为从内在道德性层面增强诚信建设和社会层面建立诚信机制也是市场经济条件下环境治理的重要内容，双方在价值构建中存在着相互呼应、相互统一的特点。

总之，在网络社会热点事件舆论价值引导中，首先应注意信息内容的客观、准确、公正，避免因失实带来的舆论次生转化问题；其次，相关人员要有正视问题的态度，勇于承担，这是重建社会信任的重要桥梁，也是进行价值引导和构建的重要前提。

第四章

网络热点事件的民间话语模式构建

民间话语模式既是现实社会存在与结构的反映,也是社会意识形态和价值观念的生动写照。截至 2019 年 6 月,我国网民规模达 8.54 亿,较 2018 年底增长 2598 万,互联网普及率达 61.2%,较 2018 年底提升 1.6 个百分点;我国手机网民规模达 8.47 亿,较 2018 年底增长 2984 万,网民使用手机上网的比例达 99.1%,较 2018 年底提升 0.5 个百分点。互联网普及率超六成,移动互联网使用持续深化。民众参与社会活动的渠道和价值诉求日益多元化,一方面会促进积极、健康的社会文明风尚的形成,推动伦理道德的健康发展;另一方面也可能会带来一些消极影响。

研究网络热点事件中民间话语构建模式与特征,对于增强主流意识形态在网络中弘扬的有效性意义重大。本章以建构主义理论为指导,采用多重个案探索性研究方法,对网络热点事件民间话语文本进行数据采集、分析与处理,在话语词频、社会语义网络分析的基础上,挖掘民间话语模式与风格的本质特征,为主流意识形态在网络中弘扬提供方法支撑。

第一节　问题提出与研究方法

话语模式，有广义狭义之分。狭义的是指说话写文章时表现出来的较为固定的格式或套路，广义的则是指包括内容（尤其是独特语汇）和形式在内的话语表达惯式。广义的话语模式往往意味着一种身份烙印或情感名片，甚至是态度立场的定式。所谓民间话语模式是与官方话语模式相对而言的。民间话语是自发形成的、非官方话语的民众议程及民间言论①，它不是一种组织，而是作为一个领域或空间而存在的，嵌入其中的是与国家相分离的社会团体或社会组织。②

一、问题提出

互联网技术的发展，尤其是 web2.0 技术的普及，赋予公众更多的话语权，极大拓展了公众话语空间。通过互联网，公众由原来的"看客"与被动接受者变成了言说和行动的主体，并具备影响话语权力分配和最终意义形成的力量。"网络引发的最大政治效应，还数网民这一新公民群体的崛起"（邱林川、陈韬文，2011：98）。网民通过对社会发展进程中各种事件的话语建构，将许多偶发事件升级为群体性事

---

① 屠晶靓. 民间话语与官方话语的碰撞与融合——以武汉女公交车司机被打为案例 [J]. 新闻世界，2007（02）.
② 何增科. 公民社会与第三部门 [M]. 北京：社会科学文献出版社，2000.

件以获取社会关注,成为引导和影响社会舆论的重要力量,比如,天价烟事件、"表哥""房叔"落马、雷政富视频等事件,这些由网民爆料、网民关注、网民发表意见并最终使得相关部门采取行动的事件,使一个个网络热点事件走下了互联网,走进现实生活。民间网络话语具有与官方网络话语和传统现实话语不同的风格与特征,研究网络热点事件中民间话语构建模式与特征,有助于在鲜活、生动的网络话语实践中深入了解民众的生存状态、权利与价值诉求,为增强主流意识形态、价值观念在网络中弘扬、引导的有效性提供启示和借鉴。

二、研究方法

(一)抽样框

为了保证民间网络话语模式样本采集的丰富性和典型性,本节选取凤凰网评选的中文论坛100强中排名第一位和第五位的天涯社区与凯迪社区、新浪微博作为抽样框,因为这些平台是民间网络话语集中度较高的地方。

(二)文本数据采集

事件是民间话语进行社会建构的主要渠道,网络热点事件集中反映着民众的话语建构模式与内容,因此,本研究采取多重个案的探索性研究方法,针对2012年至2013年的网络热点事件,按照事件在网络社区和微博中的社会关注度、主题条数、点击率、回复率等指标进行综合加权,筛选出了在抽样框中综合舆情指数较高的12个网络热点事件案例，具体见表4-1。

表4-1 网络热点事件案例

序号	案例
1	工业明胶制"毒胶囊"被曝光
2	张丽莉救人截肢被评最美女教师
3	陕西安康怀孕7月孕妇被引产
4	撞人女司机裸躺阻碍救人引关注
5	四川什邡事件
6	奥运会消极比赛，谁之过
7	钓鱼岛事件
8	衡阳儿童黄金大米试验
9	贵州毕节5儿童垃圾箱内闷死
10	李天一涉嫌轮奸被捕
11	斯诺登揭秘美国棱镜计划引发全球关注
12	嫦娥三号探月

本研究共采集了12个案例的3万多份主帖与回帖。为了保证抽样样本的有效性和代表性，首先以案例为单位进行数据归类、合并处理，按照发帖者名称进行排序，去掉极端谩骂、字数少或重复的无效帖子，对同一作者发出的多个帖子，按话语模式进行研究归类。其次，根据每个事件类型的不同，最大范围抽选话语模式特色鲜明的内容。经过筛选，最终每个网络热点事件选出300个帖子，12个案例共形成3600份帖子，包括主帖和回帖，进行深入话语模式分析。

（三）分析方法

采用内容分析法，使用ROST软件首先对民间网络话语评论文本进行词频与社会语义网络分析研究，梳理出话语模式的初步特征；在此基础上对民间话语表达方式、叙述特征进行分析研究。

第二节　网络热点事件中民间话语词频与社会语义网络分析

词汇是话语表达的基本单元，网络热点事件中的高频词集中反映了民间话语对事物的意义建构关系，是话语基调、话语模式形成和建构的基础。

一、词频

为了更准确反映民间网络话语的集中程度，对软件经过分词后统计出来的词频进行人工二次过滤处理，将相同相近含义的词进行合并归类，将介词、连接词、指称代词等无法充分反映思想的词去掉，梳理出频度排名前10位的词汇，具体见表4-2：

表 4-2 网络热点事件中民间话语词频（之一）

序	毒胶囊事件		最美女教师张丽莉		女司机裸躺阻救人		陕西孕妇被引产		黄金大米事件		四川什邡事件	
1	胶囊	249	教师	159	孩子	116	计划生育	126	转基因	316	什邡市	117
2	毒	181	美德（丽）	50	女人	92	孩子	86	实（试）验	189	钼	99
3	铬	165	没有	39	精神病	74	人口	73	中国	150	污染	98
4	企业	64	自己	38	小三	59	中国	73	美国	132	乡亲	90
5	明胶	61	救	37	没有	59	没有	64	食品	120	政府	88
6	没有	54	好	34	老公	57	国家	49	儿童	111	问题	75
7	食品	52	最	34	张彦	51	政策	49	大米	97	项目	72
8	皮鞋	51	爱心	34	知道	47	冯建梅	47	没有	96	铜	68
9	事件	48	做	33	杀人	40	人类	27	黄金	75	知道	53
10	社会	47	英雄	32	社会	38	强制	27	基因	72	中国	53

第四章 网络热点事件的民间话语模式构建

表4-3 网络热点事件中民间话语词频（之二）

序	5男童垃圾箱闷死		羽毛球比赛被取消资格		钓鱼岛事件		李天一涉嫌轮奸被捕		斯诺登揭秘美国棱镜计划		嫦娥三号探月工程	
1	孩子	141	比赛	330	日本	277	李双江	99	美国	637	嫦娥	119
2	政府	61	运动员	285	中国	226	李天一	91	政府	133	中国	112
3	社会	40	规则	218	日货	130	酒吧	67	监控	99	月球	106
4	责任	38	中国	171	国家	113	未成年人	49	情报	84	美国	79
5	没有	35	没有	134	爱国	108	证据	47	监听	71	技术	78
6	领导	33	体育	122	抵制	103	儿子	44	中国	67	登月	55
7	应该	31	消极	121	钓鱼岛	103	强奸	44	德国	67	地球	40
8	流浪	31	奥运	119	日	102	老师	42	世界	65	航天	37
9	父母	30	自己	117	没有	78	中国	39	Width	64	科技	30
10	发生	30	金牌	103	美国	60	轮奸	33	奥巴马	53	玉兔	30

189

二、网络热点事件民间话语社会语义网络分析

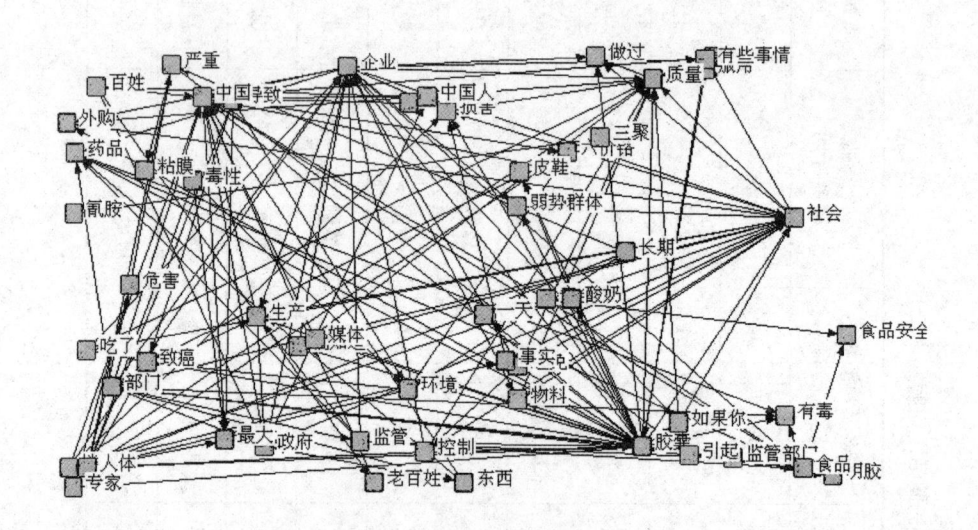

毒胶囊事件社会语义网络分析

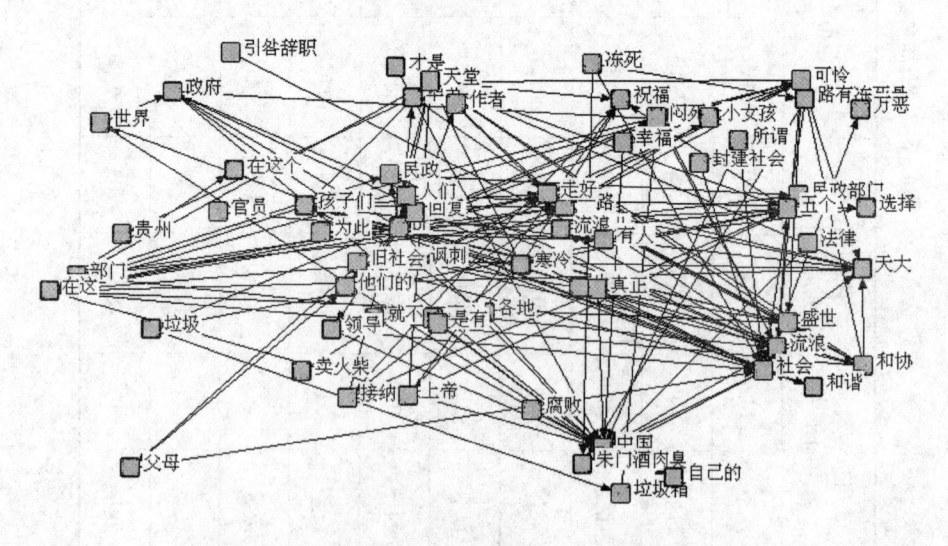

贵州毕节 5 名男童垃圾箱内闷死事件社会语义网络分析

<<< 第四章 网络热点事件的民间话语模式构建

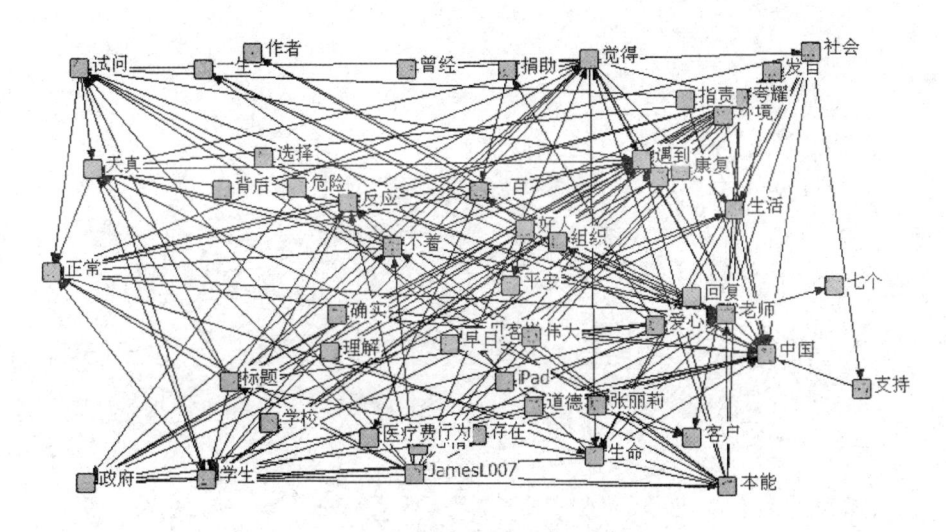

最美女教师张丽莉勇救学生社会语义网络分析

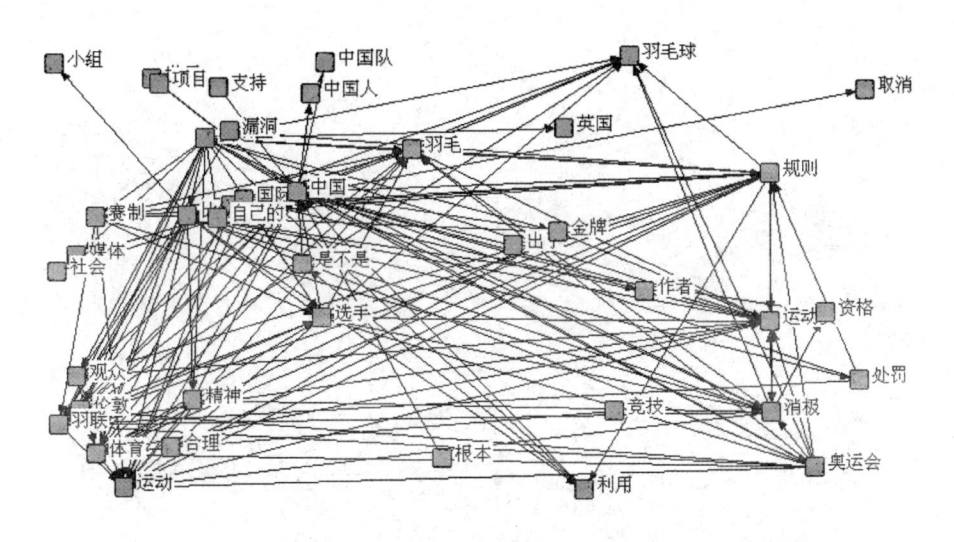

奥运会羽毛球比赛中国选手被取消资格社会语义网络分析

191

网络热点事件中的价值引导与构建研究 >>>

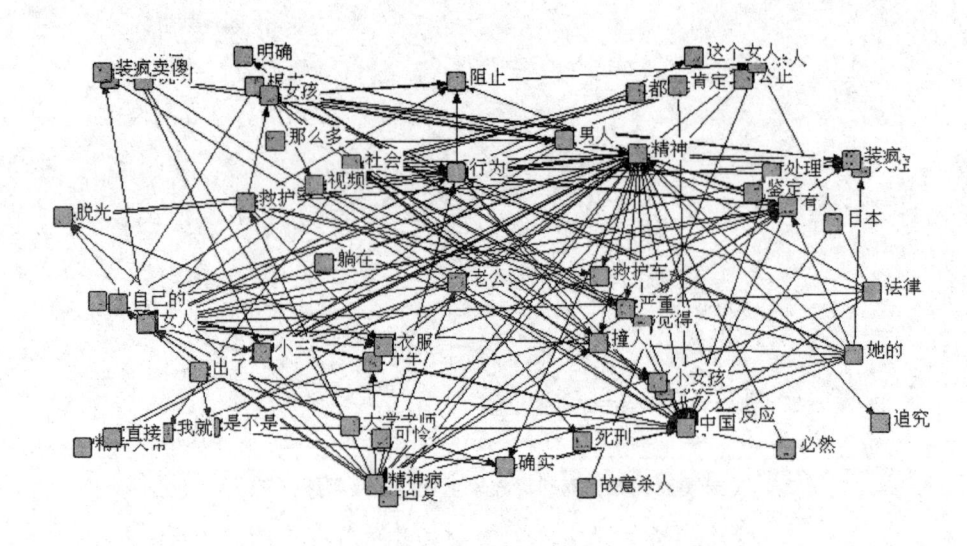

撞人女司机裸躺阻碍救人事件社会语义网络分析

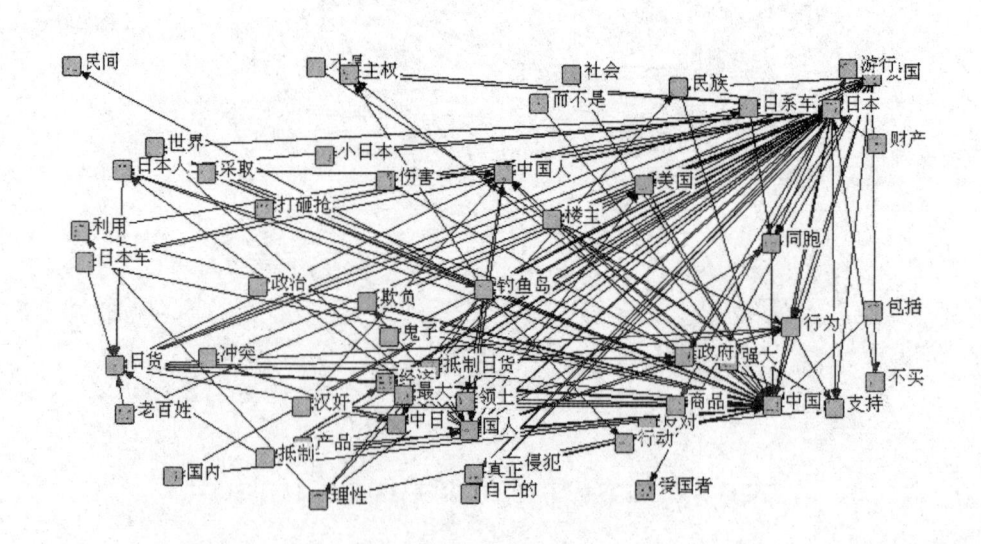

钓鱼岛事件社会语义网络分析

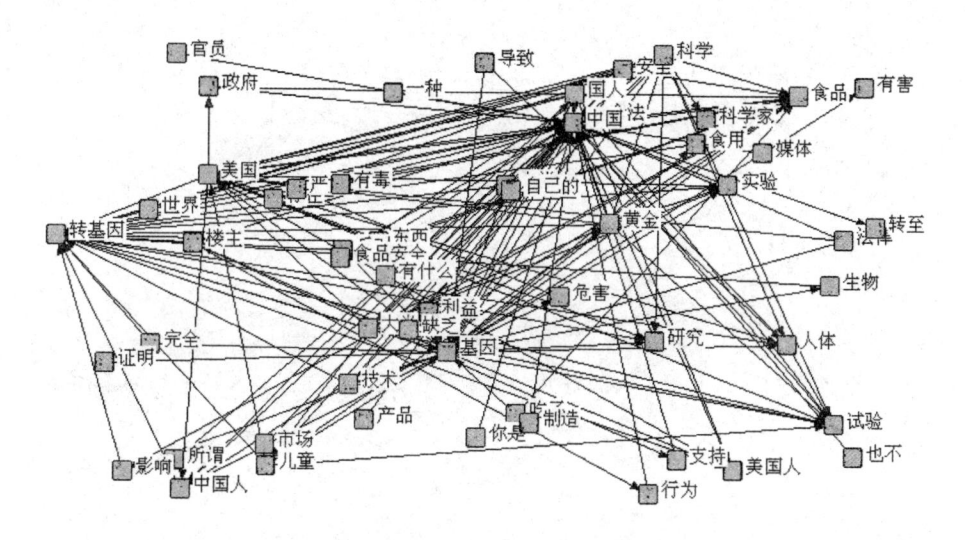

<<< 第四章 网络热点事件的民间话语模式构建

湖南衡阳黄金大米事件社会语义网络分析

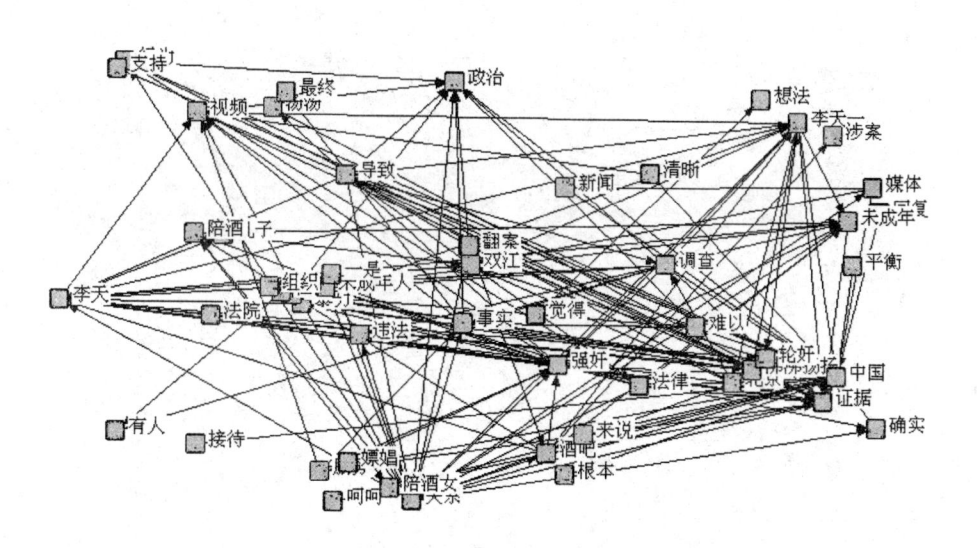

李天一涉嫌轮奸被捕事件社会语义网络分析

193

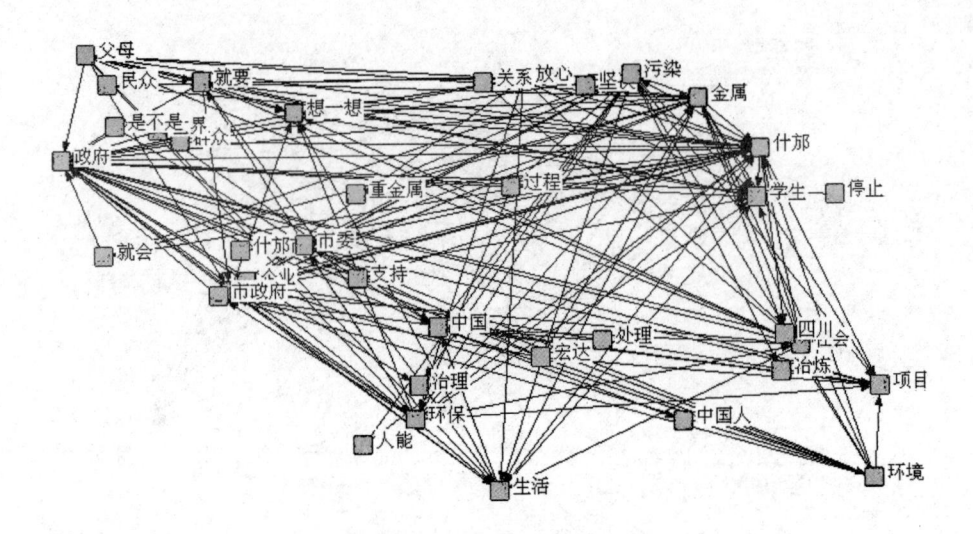

四川什邡事件社会语义网络分析

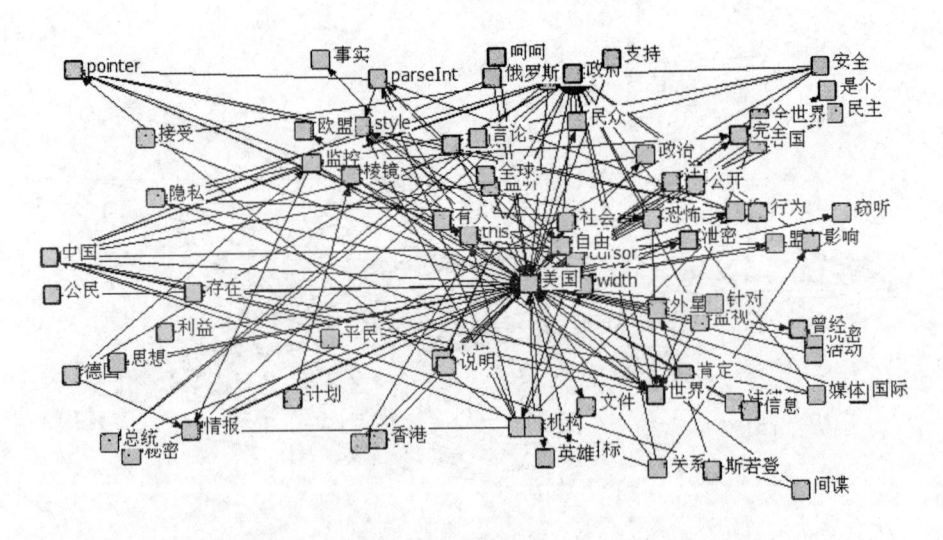

斯诺登揭秘美国棱镜计划引发全球关注社会语义网络分析

<<< 第四章 网络热点事件的民间话语模式构建

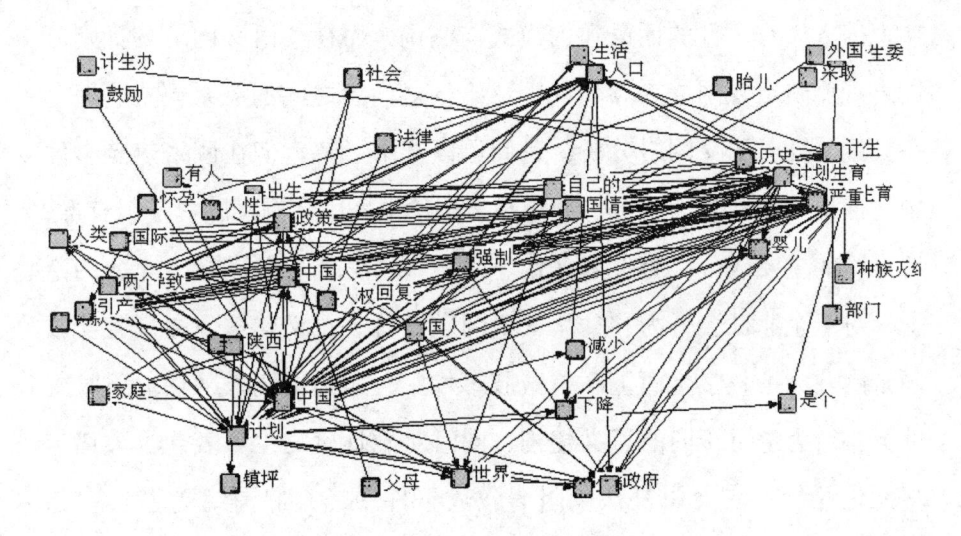

陕西安康孕妇被引产事件社会语义网络分析

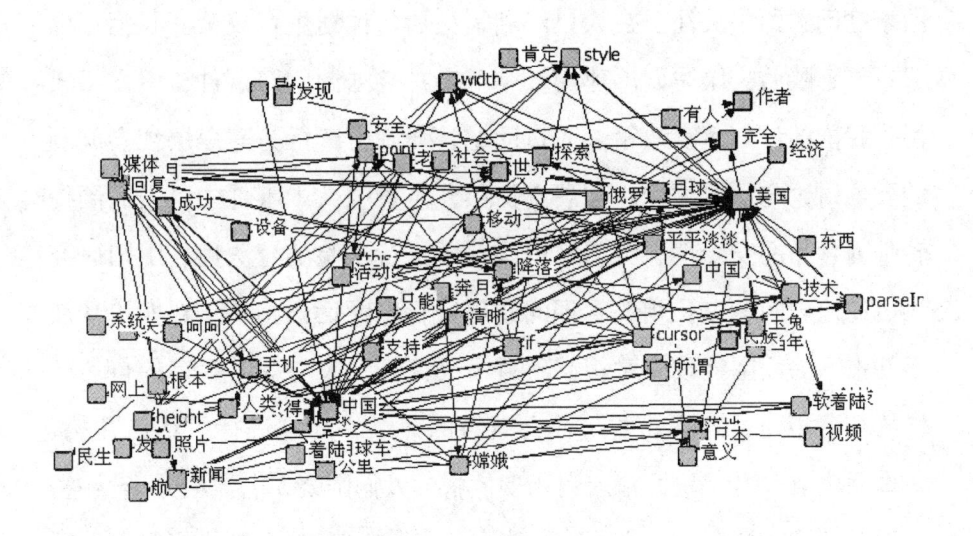

嫦娥三号探月社会语义网络分析

图4-1 网络热点事件民间话语社会语义网络分析图

从表4-2、表4-3、图4-1中可以看出，高频词汇从某一侧面体现出人们对事件的话语建构模式与基调，而社会语义网络分析则可以直观反映出在网络热点事件中话语构建内容之间的关系模式。综合高频词与社会语义网络分析，我们可以基本了解人们在网络热点事件中的话语构建模式与内容。如毒胶囊事件中，民众围绕胶囊是否有毒、有毒物的主要成分"铬"和来源"明胶""皮鞋"等进行了充分的论证，对于企业社会行为和食品安全问题进行了意义建构。在最美女教师张丽莉为了救学生而被高位截肢事件中，人们围绕教师在危急时刻的英雄行为进行正向的意义建构，同时对她日后的生活表达了关切与多元化评价。在女司机裸躺阻碍救人事件中，人们围绕受害者"孩子"和"女人"的境遇、施害者张彦是否有精神病以及做出极端行为的原因、司法检验的公正性等方面进行话语建构，对于"小三"引发的家庭问题给予关注。在人口红利消失后、计划生育政策面临拐点的背景下，陕西安康孕妇冯建梅怀孕7个月被强制引产事件，引发了人们对我国的计划生育政策、人口问题、强制引产行为等深层社会问题的激烈讨论与话语建构。在湖南衡阳儿童黄金大米事件中，人们围绕转基因食品的安全性、美国拿中国孩子进行试验的合法性、中国研究人员的伦理问题以及相关管理问题等进行多元话语构建。在四川什邡事件中，人们围绕政府对钼铜项目污染论证、人与赖以生存的自然环境的和谐相处、经济效益与社会效益的兼顾等问题进行了话语建构。在贵州毕节5男童垃圾箱内闷死事件中，人们围绕5名流浪儿童遭遇，父母、学校、社会对"孩子"问题的责任，政府对流浪儿童保护救助机制等问题进行了反思追问式话语构建。在奥运会羽毛球比赛中国运动员因"消极"比赛而被取消资格事件中，人们围绕奥运会比赛功利结果与终极精神追求、战略规则制定与战术上合理利用、中国体育竞技评价体制以及中国在国际话语中的地位与权力等问题进行了反思、追问与话语构建。在钓鱼岛事件中，人们围绕中国和日本关于钓鱼岛的主权之争、爱国情感的理性方式、对日本的态度、抵制日货、美国掺杂在中日之间的复杂博弈等问题进行了多元话语构建。在李天一涉嫌轮奸被捕事件中，人们围绕李双江之子的名人围观效应、教育儿子方式、涉嫌轮奸的相关证据与场所、未成年人的保护、李天一的行为表现等进行了话语建构。在斯诺登揭秘美国棱镜计划引发全球关注事件中，人们对斯诺登话语内容的真实性、支持背景、行为评价及对美国和世界的影响、美国民主自由的双重标准、奥巴马政府监控与监听计划的合法性等进行了话语建构。在嫦娥三号发射成功，中国成为第三个月球软着陆国家事件中，人们围绕嫦娥奔月的理想追求、中国航天科技的发展、与美国技术比较、玉兔月球车着陆情况以及相关技术问题等进行了话语建构。

第三节　网络热点事件中民间话语建构模式分析

建构主义与传统的、现代主义的实证社会学、诠释社会学与批判社会学研究思维方法不同，他们认为人类不是静态地认识、发现外在的客观世界，而是经由认识、发现过程本身，不断建构着新的现实世界。无论是社会结构、社会事件等"外部世界"还是意识、本能等"内部世界"都不是一种给定的实在，而是由有关的行动者借助特定的语言符号（及相应的话语/文本/理论）建构起来的社会世界。① 也就是说，世界虽然是客观存在，但作为研究对象的网络热点事件并非是一种纯粹"自然"或"给定"的世界，而是通过主体、客体以及主体之间的相互作用，在历史过程中由特定主体的"话语构型"② 系统建构起来的具有主动性、社会性和情境性的意义世界。通过对上述12个网络热点事件中民间话语内容的梳理，我们可以看到对于相同或不同的热点事件，民间网络话语由于话语角色的模糊性与多重性，展现出了与官方话语完全不同的模式与特征。

一、话语解构模式

民间网络话语具有与官方网络话语不同的话语生成机制与规则系统。官方话语由于社会角色的确定性、权力的垄断性，而在社会话语实践中逐渐形成了一种受限于权力关系的结构化、稳定化的一元话语模式。由于技术的赋权特性，民间网络话语形成了区别于官方话语和现实话语的独特模式。这种话语模式冲破了现实世界的时空限制与社会角色的话语束缚，体现出一种以消解权威与传统风格、结构、价值倾向为特色，通过反讽、调侃、戏谑等方式对主流意识形态进行质疑、瓦解与动摇的话语模式。这一话语模式的产生与网络技术的特性、与后现代解构主义的盛行有着密不可分的关系。

---

① 谢立中. 走向多元话语分析——后现代思潮的社会学意涵［M］. 北京：中国人民大学出版社，2009.
② 谢里登. 求真意志：福柯的心路历程［M］. 尚志英、许林，译. 上海：上海人民出版社1997.

<<< 第四章 网络热点事件的民间话语模式构建

"解构"(deconstruction)一词,德里达最初是从美国建筑师彼得·艾森曼关于建筑的文本中接触到的。在建筑师那里,"解构"是要把建筑放入其他写作空间(如电影、摄影、文字叙述等)相关的联系中来建设,以与传统的风格、倾向和价值相背离或抵抗。后现代解构主义思想主要来自德里达,他指出,"'理性'支配着被大大推广和极端化的文字,它不再源于逻各斯——也许正因如此,它应当被抛弃。它开始拆毁所有源于逻各斯的意义的意义,但不是毁坏,而是清淤和解构"。① 德里达指出,解构(deconstruction)就是消除和分解结构。即消解逻各斯中心主义、语言中心主义、在场形而上学话语,而以思想和语言游戏对"中心化"的结构主义加以拆解。

在互联网出现以前,纸质媒介与精英意识结合构成主导,"中心"的存在是一种结构化的存在,有着鲜明的秩序;然而,随着互联网的迅速发展,每个人都有在互联网上发表作品、意见的自由、权利以及便利,"精英"分子主宰话语权的中心意识难以像过去那样具有绝对的权威。互联网不仅消解中心,它本身也不存在中心,是没有中心的四通八达的互文网络。任何接点都是中心,也都是边缘,从结构上看,它与任何其他接点地位完全一样。②

这种解构模式话语在民间网络话语中得到了生动的体现,它以解构官方和权威话语结构化、模式化的传统话语形式为本质特征,崇尚话语内容的多元形式表达,在这一过程中,网络被当作最自由最草根的平台,以一种自嘲、戏谑、反讽、质疑的方式参与到网络热点事

---

① 德里达. 论文字学 [M]. 汪家堂,译. 上海:上海译文出版社,1997.
② 范颖. 论网络文本的解构与建构 [J]. 华南农业大学学报(社会科学版),2007(2).

件中。

(一) 自嘲模式

自嘲是民间网络话语中经常使用的一种话语表达模式，往往通过自己嘲笑自己，以矮化、贬低自我的语言风格来进行交流，如网民往往自称是"P民""屁民""屌丝""脑残""小白鼠""可怜虫""草芥""弱智""无耻"等，在话语文本中，自嘲既是网民进行人际交往与沟通的方式，也是不同话语情境下丰富的社会心理状态与情绪的映射。有时自嘲是一种对自身境遇的关注，是对现实不满的情绪表达，如在毒胶囊事件和湖南衡阳儿童被试吃转基因大米事件中，许多人自称为"小白鼠"，有网友说："看得多了，知道自己不过是小白鼠的命，不断被当成试验品。"也有网友指出："把中国的小孩子当小白鼠啊！都说了是实验，实验之后才知道效果怎样，是否有危害性；美国怎么不拿自己国家的小孩做实验？"在四川什邡事件中，有网友自称"屁民"，认为"在资本家的眼里，屁民都是死了白死的！"表达对企业过度追求利润忽视社会效益与环境的不满。有时自嘲是一种人际交流与话语表达的技巧和方式，通过幽默地自我贬低来增强自身的话语吸引力和亲切感。有时自嘲是一种自怨自艾、消极悲观的表达，如有网民自称"可怜虫""草芥"来表达卑微的身份特征。有时自嘲是一种自我反思和追问，如在女司机裸躺阻碍救人事件中，有网民用"无耻的我们"反思"是什么让我们失去了廉耻之心，什么让我们越来越冷酷无情。又是什么让众多的人变得残忍无比？"。

（二）戏谑模式

在民间网络话语中，戏谑是一种流行的话语表达方式，它通过诙谐幽默的话语表达思想和对他人的态度，时而嘲弄、时而调侃、时而戏仿拼贴，嬉笑怒骂皆于其中。"针对高级的、权威的语言、风格、体裁等，拿他们开涮，动摇其权威性和等级的优越感"；"以不登大雅之堂的民间广场语言、狂欢式的笑和各种低级语言、风格、体裁讽刺模拟一切高级语言、风格、体裁等。给粗俗、怪诞的意象赋予深刻的象征寓意"；"让一切高贵的因素降格"。[1]

在民间网络话语中，从官员到专家再到事件中涉及的人员，任何人都可以成为嘲弄的对象，这种嘲弄带有点愤世嫉俗的情绪宣泄，如话语文本中经常使用在第二人称、第三人称上来表达："傻子""愤青""二货""人渣""狗腿子""鬼子""脓包货""爱国贼""二百五""暴民""酒囊饭袋""裸官"等。有时用字母谐音代替汉字表达一种谴责，有时用同音异义词来表达一种态度，如将"专家"写成板砖的"砖家"，认为有些专家受利益驱使丧失了中立立场。而文本中第一人称却带有些自我夸大与抬高，如自称"爷""老子"等。

在网络事件中，网民通过幽默、调侃的话语方式来婉转表达作者的话语立场与态度，具有很强的现实批判性和对社会不满的情绪动员作用。比如，在工业明胶制毒胶囊事件中，民间网络话语中流传着一段充满自嘲、调侃与反讽的话语："2012，皮鞋很忙，不仅上得了厅堂，下得了厨房；爬得了高山，涉得了水塘；还制成了酸奶，压成了

---

[1] 夏忠宪. 巴赫金狂欢诗学研究[M]. 北京：北京师范大学出版社，2000.

胶囊。"这段话在网络中流传颇广,人们的这种调侃与戏谑多少带着点无奈。在话语表达方式上,民间网络话语体现了巨大的创造力,有时采用流行语体进行模因,生动形象地表达出对事件的不满,如"破鞋烂鞋,能吃进肚里就是好鞋。""不能做胶囊的果冻不是好皮鞋,不会抄稿的作家不是好司机。"也有网友用英雄体的话语表达方式来表达对事件的不满和讽刺。

有的采取拼贴与戏仿的方式,幽默传达出负向的价值评价,如网友说:"一个从事废旧皮鞋回收的企业,兢兢业业做了30年的良心药!修正药业新广告出台:鞋好,良心就好!"这段话语是对修正药业广告语:"修正药、良心药、放心药"的戏改和反讽。也有网友模仿主流媒体话语表达方式进行戏仿。在李天一事件中,人们用"坑爹集团荣誉出品"来表达对他行为的评价。

(三)隐喻和对比模式

在网络事件的评论中,网民巧妙地使用隐喻,用一种事物暗喻另一种事物,智慧、幽默又略带无奈的话语表达了对社会现象的讽刺,比明喻更加灵活、形象。如在女司机张彦撞人后裸躺阻碍救援事件中,网民将其暗喻为"演员",以模仿论文写作的方式,极具创造性地表达了对张彦失常行为的谴责:"中国国家一级演员张彦老师的表演艺术浅析。一个偶然的机会,使她踏入了影视圈……一个原本美满生活的高级知识分子,遭遇感情上的失败和生活中的打击后,导致精神分裂的不幸女性,被她刻画得栩栩如生,一举手,一抬足,一个眼神,一个动作,丝丝入扣的表演令人称绝。"

比较也是网民常用的话语表达方式,有时采用纵向比较,通过时间序列内的比较，反映事物的变化。如在陕西安康怀孕七个月孕妇被引产事件中，不少人表达了愤怒的情绪；在嫦娥三号发射成功事件中，人们通过中国与美国登月技术的对比和质疑美国登月的真实性来表达对中国航天技术进步和发展的自豪。

民间网络话语遵循一套独特的话语逻辑与规则，体现出一种强烈的解构官方一元话语模式的多元话语建构模式。虽然网民在参与、评论网络热点事件的过程中很多时候都表现为一种后现代性的、具有很强解构力的叙述风格，表现为流行语式的调侃和娱乐，但是以庞大的网民比例为支撑的调侃的背后蕴含着丰富的信息价值，很多时候，对于一起事件，全民调侃的力量往往远远大于严肃的专业化叙述的力量。

二、话语建构模式

在民间网络话语中，由于网络技术的去中心化特性，使得民间网络话语具有鲜明的解构传统、解构权威、解构经典的话语模式特征，但这并不意味着，在网络话语中没有建构模式的存在，从某种程度上说，民间网络话语在解构中心的同时，也在不断建构一种新的话语模式与意义。从社会构建的角度看，话语的表达，无论是口头的还是书面的，其本质都是有目的和有意图的社会互动行为。它不仅仅体现人们对社会的理解和知识的传递，同时也是一个确认、建构和协商的动态过程。由于话语主体的差异性，每一个话语内容都预设了自己的本体论和方法论立场，这些立场构成了不同的话语模式，体现出话语建构的多元化视角。归纳起来，主要体现在以下几方面。

(一) 事实建构模式

事实是人们进行判断和价值内化的客观基础，建构主义秉承现象学本体论的一个基本预设：社会现实是以解释过的事实（而非客观事实）呈现自身的，而对社会现实的解释在很大程度上就是在不断建构着新的社会现实[①]。在上述热点事件的发生发展过程中，民间网络话语紧紧围绕客观事实"是什么"进行话语构建，体现出强烈的求真意向。通过不断地追问和论证事实的成因、危害、后果等过程，来揭开事实真相，推动"真理"性认识的发展和知识的建构。这种事实建构模式集中反映在话语内容与客观事实的符合性、话语生产流通渠道的真实性方面。

民间事实建构话语模式首先通过话语内容真实性的相互确认与排斥来实现。如在斯诺登揭秘美国棱镜计划事件中，人们首先对斯诺登话语内容的真实性进行了质疑和追问，通过广泛的话语互动，人们将其中一些确定为"真实的"而加以接受，另一些确定为"虚假的"加以排斥。在湖南衡阳黄金大米事件中，人们首先通过对国外机构披露的转基因试验使用中国儿童的话语内容进行追问，推动国内政府机构对该事件的调查与核实，从而确认了美国利用中国儿童进行转基因试验的事实。有时，人们通过揭露社会事件涉及的问题与事实成因、危害、后果的分析论证来建构事实，为社会问题的有效解决提供科学的知识。如在毒胶囊事件中，人们通过分析毒胶囊所含毒性成分对人体健康的影响来论证它的社会危害；在四川什邡事件中，人们通过对其

---

① 闫志刚. 社会建构论：社会问题理论研究的一种新视角 [J]. 社会，2006 (01).

他地方政府项目上马导致环境污染问题的不可逆性后果进行了建构与论述，促使政府项目管理行为的转向；在最美女教师勇救学生事件中，有网友发帖揭露："大家注意了没有，这位令人尊敬的老师没有编制，也就是所谓的'临时工'"，引发许多人跟帖讨论，最终引起官方重视，促使这个问题得以妥善解决。在有些情境中，人们通过考察话语内容与客观事实的符合性来确认对社会事件和世界理解的真实性，如在李天一涉嫌轮奸被捕事件中，人们通过对话语主体表达的话语内容与客观事实的符合性进行阐述和分析，对相关证据和当事人话语内容的真实性关系进行验证，从而建构出不同话语立场下的多元事实模式。

未知或被遮蔽的客观事实信息总是以零星或碎片化的形态呈现，新媒体话语生产与流通渠道的多元化推动了事实建构的社会化、民间化，使得民众被赋予了进行社会公共话题议事日程的能力，颠覆了传统媒体传播者与受众严格的界限，构建起了新的传播秩序。从所选12个网络热点事件的消息首发来源来看，有7个热点事件首发来源于民间，"公众"这一抽象群体中的诸多"个体"（当事人、目击者、当地人、爆料人、隐瞒真实身份的网友、国际民间组织等）成为事实建构的消息来源和类型群体。其中有3个首发来源是新浪微博，成为人们进行网络媒体议程设置的重要平台。话语事实建构渠道的广泛性改变了民众被动接受官方发布事实的境况，使民间网络话语在事实建构中拥有了较强的自主性。具体如表4-4所示。

表4-4 网络热点事件首发来源

网络热点事件	首发来源	首发方式
张丽莉救人截肢被评最美女教师	佳木斯贴吧	文字、图片

续表

网络热点事件	首发来源	首发方式
陕西安康怀孕7个月孕妇被引产	华商论坛	文字与图片
撞人女司机裸躺阻碍救人引关注	新浪微博目击者	视频
四川什邡事件	新浪微博网友	文字
钓鱼岛事件	凤凰网	文字、图片、视频
衡阳儿童黄金大米试验	国际环保组织	文字
贵州毕节5儿童垃圾箱内闷死	新浪微博李云龙	文字与图片

(二) 价值建构模式

英国哲学家休谟指出，人类的社会实践活动由两种精神力量所引导，一种精神力量是实事认识，解决"是什么"的问题，另一种精神力量是价值观念，解决"应该怎样"。[①] 在网络热点事件中，人们通过对事实话语模式的建构获得了对社会、对现实的确定性的理解和认识。在此基础上，通过社会互动，把握行动和事物对于主体的意义，从而判定人们如何行动和该不该行动。在网络热点事件中，人们往往通过对事件与行为的好与坏、应不应该等方面进行价值或者意义建构。

民间话语价值建构呈现多向性的特点，即既有正向的、积极的话语建构，也有消极的负向建构。从突发事件作为危机管理过程的社会文化理论视角来看，不是将突发事件或危机事件作为一个线性的信息传递活动，而是一个动态的话语冲突和调和的过程。它关注的是如何把危机当作"机遇"，旨在建立一种新的社会共识。[②] 而在这个过程

---

① 休谟. 人性论（下册）[M]. 关文运, 译. 北京：商务印书馆, 1997.
② 史安斌. 危机传播研究的"西方范式"及其在中国语境下的"本土化"问题 [J]. 国际新闻界, 2008（06）.

中，价值建构的冲突与调和也同时并存。从价值建构的内容来看，包括伦理价值、政治价值、经济价值、社会价值等。如在湖南衡阳儿童黄金大米事件中，人们对美国科学试验的合伦理性，对中国科研人员在不告知情况下进行试验的道德性提出了质疑，通过对事件意义的阐述与解释，建构出新的伦理价值。在陕西安康怀孕7个月孕妇被引产事件中，人们对于大月份孕妇被强制引产的伦理性提出了质疑，社会舆论进行的价值重构使得该事件进入人们公共话语空间，影响了公共决策的走向。在钓鱼岛事件中，人们围绕主权、领土、爱国、发展等方面进行了多元政治价值建构。许多热点事件话语主体价值立场与态度的差异，使得价值建构具有多重性，比如，在四川什邡事件中，如果仅仅是出于对政府决策的不满并不足以产生集体行动，官方对钼铜项目的经济价值进行了充分论证，但当民众对环境污染的社会问题和不满被赋予某种"保卫家园""保护环境和健康"的意义与使命时，局部性的偶发事件逐步在人们的价值建构中升级为群体性事件，可见，有时是人们对现实的解释与意义建构而非现实本身引发了人们的集体行动与共识性评价。

在有些情况下，人们通过社会定义、标签化方式对事件进行暴力围观与价值建构，影响了事件发展的走向。如在李天一涉嫌轮奸被捕事件中，人们通过对名人李双江之子的围观，将李天一定义为"富二代""官二代""恶少""小霸王"，对李天一负面印象标签化，形成了巨大的舆论压力，使他成为人们"仇富""仇恶"片面价值建构的牺牲品，影响了司法判决的客观性。

中国社会进入转型时期，网络热点事件的价值建构反映了一定社会现实，民众建构的话语并不是单纯与社会现实脱节的网络恶搞，而是反映了民众对社会现实的直观感受。比如,"仇官"社会解释反映出人们对官僚系统腐败低效的不满;"仇富"心理反映出人们对贫富差距拉大的社会结构的不认同。其建构方向体现了目前民众的现实处境以及对未来社会变革的期许。

(三) 社会动员话语模式

社会动员话语模式是在事实建构与价值建构模式基础上的深度综合。网络是由一个个节点、个体连接起来的散沙,它没有中心、没有限制,但是在许多网络热点事件中却能汇聚、动员成一股强大的话语力,这种聚集依靠的就是情感力量。在网络热点事件中,民众情感动员的主要方式是情感的表达。这种表达有时是一种深切的同情,如在贵州毕节5男童垃圾箱闷死事件中,许多网友都表达了对这5名儿童的惋惜和同情,祝愿他们"天堂里不再有寒冷和饥饿";有时是一种强烈的义愤,如在陕西安康孕妇怀孕7个月被引产事件中,人们表达了对地方计生委不人性做法的愤怒;有时是对良善的由衷赞美,如在女教师张丽莉勇救学生事件中,人们用"最美、好人、致敬、女神"等来表达对其勇敢行为的赞美;有时是对自身和社会的一种道德焦躁和忧虑,如在毒胶囊事件和四川什邡事件中,人们对表达了自身健康和生存环境的极度担忧。特纳认为,集体行为的产生需要某种共同心理(包括共同的意识形态、思想和愤恨),这种共同心理形成的关键是聚众中某个共同规范的产生。① 无论是同情、愤怒、赞美、忧虑哪种情感话语的表达,都有共同的社会心理基础,那就是对善良的赞美,

---

① 冯建华、周林刚. 西方集体行动理论的四种取向 [J]. 国外社会科学, 2008 (04).

第四章 网络热点事件的民间话语模式构建

对丑恶的痛恨和对正义的呼唤。

转型时期的中国,正处于矛盾冲突尖锐、公共事件频发的时期。格尔在《人们为什么要造反》一书中提出了"相对剥削感"的概念①,认为每个人都有某种价值期望,当社会变迁导致社会的价值能力小于个人的价值期望时,公众就会产生相对剥削感,相对剥削感越大,公众造反的可能性就越大,破坏性就越强,他把这个过程称为"挫折——反抗机制"②。这种"相对剥削感"的集体心理,反映在民间网络话语中,有时就表现为一种与官方、权威与霸权等相抗争的话语模式,在社会抗争行为中,话语可以被理解为社会成员的一种权利意识,即话语权。如在四川什邡事件中,许多网友都有一种共同的心理感受,就是"青山绿水都融化在干部们的GDP里了"。人们赖以生存、繁衍发展的自然环境与社会快速的经济发展产生了巨大的矛盾,这种群体共同心理价值取向的基础反映在什邡事件中,是人们对生存环境与健康的一种权利诉求。在我国经济社会转型发展的时期,发展与环境的矛盾凸现出来,中国社会进入环境问题敏感时期的背景下,由于官方重大项目论证、评估缺乏与群众的交流与互动,网友在微博中呼吁抵制高污染钼铜建设项目,许多人呼应与共震,并最终导致群体事件的发生。中日之间历史上的恩怨纠葛与美国的插手干预,使得中国对于主权与领土的维护格外敏感,这种敏感反映在民族心理上就是对日本侵略中国的历史与美国霸权的强烈"相对剥削感"。因此,在钓鱼岛事件中,由于日本不断刺激与挑战中国在钓鱼岛的领土主权

---

① Ted Robert Gurr. *Why Men Rebel* [M]. Princeton: Princeton University Press, 1970.
② 赵鼎新. 社会运动讲义 [M]. 北京: 社会科学文献出版社, 2006.

问题，具有深厚民族认同基础的中国人，采用抗争性话语方式，希望赢得国际社会的尊重与承认，许多网友都用咆哮体来表达"钓鱼岛是我们的！"的强烈爱国情感。

因此，话语的广泛传播与有效社会动员的形成取决于两种要素：一种是话语与现实的高度吻合，一种是民众主观意义建构、与社会结构性怨恨的认知和心理契合。

三、总结

民间网络话语模式既是现实社会存在与结构的反映，也是社会意识形态和价值观念的生动写照。正如马克思所指出的，"语言和意识具有同样长久的历史；语言是一种实践的、既为别人存在因而也为我自身而存在的、现实的意识"。[①] 话语模式体现出民众深层次的权利与价值诉求，这种价值诉求在变革和转型时期的中国，伴随着人们传统与现代、功利与超功利、物质与精神观念的激烈碰撞和对社会变化与动荡的道德焦虑，深刻体现在人们对网络事件的怨愤、不满、抗争和嬉笑怒骂的情感表达模式中，映射出随着社会矛盾的加剧人们内心的复杂和冲突。

民间网络话语模式具有较强的解构中心、解构权力的后现代主义倾向，体现出对官方话语权力关系的"破"的冲动与欲望。从本质上来看，民间话语模式是以冲破官方话语模式结构化、官僚化、高高在上的话语模式为目标，希望与官方能够有效对话和沟通，促使公共事

[①] 马克思恩格斯选集（第1卷）[M]．北京：人民出版社，2012．

件有效合理解决，体现出人们对话语平权的渴望和追求。正如福柯认为的，"如果没有一个特定的真理话语的体系借助并基于这种联系进行运作，就不可能有权力的行使。我们受制于通过权力而进行的真理生产，而只有通过对真理的生产，我们才能行使权力"。[1] 因此，民间话语模式在"破"官僚话语体系的过程当中，不断"立"一种新的话语模式。这种"立"既体现在对社会事件的事实建构的模式当中，通过揭露隐藏的事实真相、拓展制度化的信息流通渠道等方式，对垄断权力与话语体系进行抗争；这种"立"还体现在通过对社会事件的主观意义阐释与价值建构当中，通过一种交互指涉、交互缠绕的"互文性"关系或网络关系，使事件的意义得到一种创造性的理解和诠释，使许多局部性的偶发事件突破时空限制，进入到人们的公共话语空间中，通过价值的解构与建构、冲突与调和，在新的视角上形成价值共识。因此，从某种意义上说，民间网络话语建构并不是以寻求某种公认的、唯一的结果为目标，反而恰恰在于寻求对同一事件话语文本的不同理解来扩展我们的认知，修复价值体系，帮助不同的话语主体实现沟通和对话，在破与立的辩证统一中，表达一种对社会、对世界的多元化看法，为社会问题的有效解决提供一种新的视角和方法。

（本章发表于《青年研究》）

---

[1] 福柯. 两个讲座 [M] // 马克·波斯特. 信息方式——后结构主义与社会语境. 北京：商务印书馆，2000.

第五章

社会主义核心价值观网络话语构建特征与策略研究

网络话语因其技术特性而成为不同于传统话语的独具特色的社会文化现象。随着新媒体的崛起，社会主义核心价值观如何在微观网络话语中引导与构建成为时代课题。通过对网络中话语文本的梳理分析，总结了目前社会主义核心价值观网络话语构建体现出的特征，如鲜明的时代性与变动性；理解与认同的差异性以及本质上的统一性等，并在此基础上提出构建策略。

话语是人类的历史和文化等文明形式中最重要的表现形式。它是隐藏在人们的意识之下却又暗中支配思想与行为的潜在逻辑。英国诺曼·费尔克拉夫认为话语就是围绕着特定语境（context）中的特定文本（text）所形成的传播实践和社会实践。[1] 法国思想家福柯指出："话语是一种权力关系。它意味着谁有发言权，谁无发言权。一些人得保持沉默（至少在某些场合下），或者他们的话语被认为不值得关注。语言系统在情感和思想层面上产生压制；尽管它是一种隐蔽的、

---

[1] 诺曼·费尔克拉夫. 话语与社会变迁 [M]. 北京：华夏出版社，2003.

表面上无行为人的控制系统,然而它是社会中一种真实的权力。"① 话语不仅成为塑造世界的一种方式,更是人们是与非、真与假、善与恶等价值立场的表达。

随着新技术的广泛应用,话语内容与形式也不断发展变化,呈现出与媒体技术相关性显著的不同特点。近年来,互联网、手机等新媒体强势崛起,博客、微博、微信等的碎片化传播,知识、信息爆炸的冲击,网络话语以"虚拟、杂糅、拼贴、戏仿"为特色,成为一种独具特色的社会文化现象。它已经超出了传统语言的范畴,成为一种政治、经济、社会、文化的综合建构。② 网络话语依新闻事件、社会热点、文娱作品精彩片段等途径进行社会构建与价值观念交锋,使社会的整个价值系统经历强烈的震荡。

党的十八大报告提出:"倡导富强、民主、文明、和谐,倡导自由、平等、公正、法治,倡导爱国、敬业、诚信、友善,积极培育和践行社会主义核心价值观。"这 24 字提出以来,如何在网络话语中有效构建,成为关涉国家核心利益与影响力的关键问题,也是时代提出的重要课题。

---

① [法]米歇尔·福柯. 规训与惩罚［M］. 刘北成、杨远婴,译. 上海:三联书店,1999.
② 张再兴. 网络思想政治教育［M］. 北京:经济科学出版社,2009.

第一节　社会主义核心价值观网络话语构建特征分析

社会主义核心价值观网络话语构建既对传统媒体构建方式与内容具有一定的继承性，又体现出其鲜明特色。童兵认为，随着社会转型的深化和以互联网为代表的新兴媒体的普及，中国已经形成官方舆论场和民间舆论场两个相互制约又相互促进的舆论新格局。[①] 本研究的官方网络话语主要指官方创办的新闻网站，语料来源为新华网、人民网、央视网、中国网等中央级重点新闻网站和北方网、南方网、东北网、红网等为代表的地方重点新闻网站。民间网络话语选取集中度较高的社区论坛、微博、微信等作为话语语料来源。为便于研究，本文针对相同网络热点事件对官方新闻网站与民间网络论坛等话语文本进行分析比较（以下分别简称官方与民间），归纳出以下几方面特征。

一、社会主义核心价值观网络话语构建呈现出鲜明的时代性与变动性

从时代性上来看，社会主义核心价值观这 12 个词、24 个字，虽然有些内容具有稳定性与主导性，但在不同的时代环境下，强调的重点与构建方式呈现出较大差异，有些价值观在具有一定历史继承性的

[①] 童兵.官方民间舆论场异同剖析［J］.人民论坛，2012（05）.

同时，也紧扣时代要求不断更新，使其更加具有现实合理性，从而不断推动价值观要素的丰富发展。比如，富强曾是一段时期以来我国主导的核心价值观，但是随着时代的发展变化，对于"富强"的价值观内容经历了从富到强，由单纯经济发展到综合实力提升的内涵与外延的变化。相比较而言，和谐、文明成为人们的新的价值追求，这反映出人们在经济发展达到一定程度后，对精神价值的追求，也反映出改革进入到深水区后，原来单纯追求经济利益的发展模式面临许多新的问题与矛盾，人们迫切希望国家能够实现政治、经济与社会协调发展，物质文明与精神文明并进，人与人、人与社会及人与自然能够和谐共处。此外，民主与自由曾是中国共产党为之不懈奋斗与追求的价值观念，这种价值观念随着中国共产党执政地位的取得与新中国成立及改革开放而不断呈现出内涵的变化。

从变动性上来看，正如狄更斯《双城记》中所言："这是最好的时代，这是最坏的时代，这是智慧的时代，这是愚蠢的时代……"网络可以让人一夜成名，造神造星，也可以瞬间使人成为过街老鼠。社会交往技术在使我们能接触的知识信息和评论不断增加，扩大了我们的行动范围并加剧了复杂性。作为这些发展的结果，个体需要面对一系列越来越多的行动要求的挑战。[①] 与此相对应，社会主义核心价值观在网络空间的话语构建也呈现出从形式到内容的较大变动性。形式上来说，网络话语价值构建更加丰富多元，经历了由显性到隐性、由单向到多向、由独白到对话、由古板严肃到活泼多变等形式的转变。

---

① （美）格根.语境中的社会建构［M］.郭慧玲，等译.北京：中国人民大学出版社，2010.

从内容上来讲，价值构建素材的变动性增强，热点人物、事件、话语你方唱罢我登场，进入和离开人们视线速度加快，呈现出文本碎片化特征。

二、社会主义核心价值观网络话语构建存在理解与认同的差异和冲突

由于所处话语舆论场的差别，对同一价值观内涵的理解与认同呈现出明显的差异性，有时这种差异在某些突发事件中会集中表现为价值冲突。价值冲突是自人类社会存在利益差别以来长期存在的一种普遍现象，其实质就在于不同个体利益之间的矛盾运动。因此，价值冲突具有普遍性。

这首先反映在社会主义核心价值观网络话语构建模式上的对立：官方新闻网站话语模式由于其单向性、封闭性受到民间网络话语一定程度的逆反与解构；网络技术对民众的话语赋权，使权威垄断性新闻话语与议程设置受到极大的挑战，民间网络论坛在议程设置、信息发布与消息传递等方面获得极大的能动性，一定程度上消解了官方话语模式的控制性。

其次，反映在社会主义核心价值观网络话语构建内容上的分歧与冲突。在国家层面社会主义核心价值观构建中，如"和谐""文明"，官方更强调整体性、集体性、社会性视角，注重人的类本质、社会健康运行以及持续的贡献带来的成就感；民间则强调个体性和部分社会性价值理念的构建，认同层次上更为具体和个性化。在社会层面社会主义核心价值观构建中，如"法治"，官方价值构建广度宽，既突出对个体层面自律、服从理念的引导，也注重构建法治理念与制度的合理性，而民间强调对制度理念合法性与合理性的构建，有些时候体现为对某些不完善之处的质疑。在个体层面社会主义核心价值观构建中，如"爱国""敬业""诚信"等，官方构建更加理性，强调负责、诚实与守信的品质，民间情感色彩更多，强调个体的态度。

由此可见，承认现实生活中人们价值观的多样化，认真分析社会主义核心价值观构建中的价值差异，是增强价值引导与构建有效性的前提。

三、社会主义核心价值观网络话语构建存在着本质上的统一性

高惠珠认为，不同人类群体所具有的共同利益底线，是社会价值认同的利益基础。[①] 对基本价值一致性的内在要求既是增进一个共同体凝聚力和向心力的需要，也是共同体建立价值秩序、实现和谐交往、保持持续发展的必然要求。官方与民间社会主义核心价值观构建存在着本质上的一致性，具体表现在：

官方与民间话语模式的互补性。官方网络话语模式需要民间网络话语的能动性与创造性为其增添活力与认同度，民间需要官方权威话语带来的安全感与秩序。在官方与民间网络话语互动中，官方网络话语逐步由"威权话语"模式向"威信话语"模式、独白式自说自话向互动、对话社会话语模式转变，从而不断优化官方网络话语模式。

在社会主义核心价值观构建中，官方与民间网络话语也存在着相

---

① 高惠珠. 社会核心价值观的构建与认同［J］. 探索与争鸣，2007（05）.

互影响、相互补充、相互建构的特性。民间网络话语是官方主流话语设法调控、整合的对象。官方网络话语也需要民间的认同与支持。民间网络话语以影响官方网络话语为目的，同时也需要官方的介入和干预。从本质上来看，官方与民间价值建构中存在着本质上的一致性。在多元价值观念张扬、喧嚣的背后，折射出对社会共同价值观的趋近与追求。正如有的学者所说："表面看来越是激烈的价值冲突越是体现出一种强烈的价值认同需要。"① 这是冲突和认同的辩证法。

对于一个良好的社会主义核心价值观网络话语构建环境而言，由于网络的大众化特点，网络民意具有较强的包容性、开放性和广泛性，能反映不同观点，突破现实中的各种障碍，为了解民意和调控民意提供了丰富的素材，如果二者之间能够建立起价值互动机制，社会主义核心价值观构建将呈现出互利与和谐的良性循环。

第二节　社会主义核心价值观网络话语构建策略

针对上述特征，这个利用计算机网络建立的世界所呈现出的道德假设的范围是宽泛而多变的，其中也充满了潜在的冲突。② 道德主体由原来私人内部越来越被拉入到社会化语境当中，社会主义核心价值观在网络空间话语构建面临着多音、可塑、重复、短暂和商品性

---

① 刘荣语、贺善侃. 价值、文化、科技 [M]. 上海：东华大学出版社，2004.
② （美）格根. 语境中的社会建构 [M]. 郭慧玲，等译. 北京：中国人民大学出版社，2010.

<<< 第五章 社会主义核心价值观网络话语构建特征与策略研究

的多元化情境，话语建构的权威性面临极大挑战。因此，社会主义核心价值观应审慎把握和运用权力手段，针对网络话语特征进行有效构建。

一、立足时代，更新社会主义核心价值观网络话语构建的符号体系

首先，主流网络话语价值构建应紧跟时代发展变化，注意处理好内容的时效性与深度、动态与静态、宏观与微观之间的辩证关系，既保持社会主义核心价值观在网络话语构建中的传承性与稳定性，也要不断创新工作方法，更新价值构建形式内容，使其跟上时代的发展步伐。

同时，要有效地归纳、构建传播符号体系。建立话语体系的第一步就是创设、选择和确定一系列的符号，它们包括文字、术语、词句、图形、字母等比较丰富的形态。这些符号之间有相当的内在逻辑关系，形成一个自恰的符号体系。海登·怀特认为符号系统能再现意识形态过程："我们将意识形态看作这样一个过程，通过它，并由于确立一种对世界的心理定向，各种不同的意义被生产和再生产出来。在这种心理定向中，某些符号系统被授予特权，成为辨识事物'意义'的必要的，甚至自然的方法，而其他的一些符号系统则被压制、忽视或隐藏在将一个世界呈现给意识的过程中。"[①] 社会主义核心价值观在网络话语构建中，应归纳总结一套传播符号体系，如运用大规模文本数据

---

① 海登·怀特. 形式的内容：叙事话语与历史再现[M]. 董立河，译. 北京：文津出版社，2005.

量化研究的方法体系，对网络话语文本进行分析梳理，归纳出重要程度较高的概念、词句或字母等传播符号。对这些符号所表征的意义进行深度加工，如意义预设、意义诠释、意义组合、意义连接、意义引申或意义延展、意义更新、意义再造等。在此基础上，构建为网民所喜闻乐见的官方网络话语模式，这种话语模式就是运用社会主义核心价值观的传播符号（包括术语、词句）来诠释本质性含义的表达方式。当这些符号在网络话语空间充分、有效地传播时，有助于增强人们对社会主义核心价值观的认同和理解。

二、立足差异，增强社会主义核心价值观网络话语构建的针对性

从哲学上来讲，网络话语的差异、冲突是矛盾特殊性的反映，因此，要增强社会主义核心价值观网络话语构建的针对性、有效性，首先应当正视差异的存在，研究不同群体价值立场的分歧和冲突点，找到问题症结，为最终解决问题并进行价值构建提供可能。

首先应深入研究分析当前网民结构特征，针对不同网民群体进行差异化价值构建。根据中国互联网络信息中心（CNNIC）第 39 次《中国互联网络发展状况统计报告》，截至 2016 年 12 月，中国网民规模达 7.31 亿，相当于欧洲人口总量，互联网普及率达到 53.2%。手机网民规模达 6.95 亿，占 95.1%。网民以 10—39 岁年龄段为主要群体，比例达到 73.7%。中国互联网行业整体向规范化、价值化发展，同时，移动互联网推动消费模式共享化、设备智能化和场景多元化。在这样的背景下，构建网络话语空间的社会主义核心价值观时，必须要充分考虑到网民的性别结构、年龄结构、职业结构、收入结构和学历

<<< 第五章 社会主义核心价值观网络话语构建特征与策略研究

结构等网民属性。针对不同属性网民，分析其不同的价值倾向，从而更有针对性地进行价值观引导。

其次，应根据不同热点事件反映出来的价值诉求进行有效话语引导。民间大多以参与网络热点事件讨论来进行表达的，网络话语看似庞杂，但其生成原因从根本上可归结为"利益相关、价值共振与情感共鸣"。官方网络话语在应对热点事件时，应首先从这三个基本要素出发，其中，"利益相关"又是三者的核心，因为价值观在本质上是对"利（权）益分配（保障）原则与方式"的看法，维护或反对某种价值观的实质是为了从长远角度维护或反对某种利（权）益；情感的褒贬往往也是"利（权）益分配（保障）原则与方式"所引致。[1] 因此，在进行价值构建时首先应当把握和考虑的是维护人民的切实利益，了解倾听民众在事件背后的深层次价值诉求，这是社会主义核心价值观获得认同与共鸣的前提，也是政府公信力提升的重要渠道。

三、立足统一，提升社会主义核心价值观网络话语构建的互动性

网络话语信息的不对称与过度负向化、网民自主选择性的增强与话语权力的扩大、网络海量信息议题转换的频繁性等，使得网络话语经常出现对抗、话语暴力与冲突的现象，这对网络话语的价值构建产生巨大的负面影响。因此，应立足价值诉求本质上的统一性，增进两

---

[1] 黄永林. 中国社会转型期网络舆论的生成原因 [J]. 华中师范大学学报（人文社会科学版），2010，49（03）.

个话语场的良性互动，提高官方与民间网络话语在内容、形式上的契合度。

首先要明确政府角色定位，改进工作作风，打破官僚思维模式的惯性，改变层级化、直线命令式的线性信息传达方式，在双方平等的基础上，以事件为结点、以政府和民众为经纬线，建立平等、自由、宽容、开放的网状式公共话语结构，利用互联网、手机、公众平台等多种对话渠道，让各种意见、观点、信息等充分地交流、碰撞、融合，在对话与互动中，增进二者之间的理解、认同与影响。从网络突发事件处理效果来看，凡是与民众沟通互动效果好的，容易赢得公众对政府的信任、理解和支持。因此，在构建内容上应当切实遵循人们日常生活的利益原则，充分调动民众参与的积极性，尊重民众话语表达的权利，避免两种不同的话语体系向自我的核心收缩，增强官方与民间网络话语中利益与价值诉求的共同点。

同时，充分发挥官方网络话语发布内容的权威性，加强对信息的过滤、筛选与分析评判能力，结合民众的心理诉求，改善主流价值观在某些领域的"失语"状态，通过增强话语沟通与创新能力，有效转化民众情绪上、心理上的对抗，以开放的心态与民众建立密切的话语沟通机制，从而实现社会主义核心价值观构建的主导权。在构建形式上应当充分吸收民间网络话语的活性与创造性因素，改变封闭控制与神圣化、神秘化的话语模式，关注和回答人们在生活中提出的实际问题，并将社会主义核心价值观的理想性与现实性有机结合，用多样的、形象的、符合百姓需求的话语去传播社会主义核心价值观，促进官方网络话语的多样化及具体化。

综上所述，社会主义核心价值观在网络话语中的构建，是一种动态中的协调、前进中的平衡、进取中的有度、多元中的一致、纷乱中的有序、对立中的统一。要想扩大社会主义核心价值观作为主流话语的影响力，必须要明确价值诉求与需要，因势利导，增强话语解释力与说服力，提高价值构建与引导的有效性。

（本章发表于《思想教育研究》）

后　记

　　本专著由北京市教委科研计划一般项目"网络热点事件中的话语价值构建研究"（项目编号：SM201711232006）和北京信息科技大学马克思主义学院资助；也是教育部人文与社科研究青年基金项目"基于语义分析的社会主义核心价值观网络话语策略研究"（项目编号：18YJC710076）阶段性研究成果。

　　特别感谢北京信息科技大学计算机学院陈若愚老师、计算中心尤建清老师提供无私的技术指导，为顺利完成著作提供了帮助！